(1964 - 2014)

L'AVENTURE MILITAIRE

DES 13 GUÉRILLEROS DE JEUNE HAïTI

(DEUXIÈME ÉDITION, REVUE)

Prosper Avril

Chers lectrices et lecteurs, voici quelques pensées glanées ça et là pour vous :

« ***La grandeur d'un pays, c'est d'assumer toute son histoire. Avec ses pages glorieuses et aussi avec sa part d'ombre.*** » **(Ferdinand Foch, Maréchal de France.)**

« ***Parce qu'un homme sans mémoire est un homme sans vie, un peuple sans mémoire est un peuple sans avenir.*** » **(Jacques Chirac.)**

« ***L'Histoire s'écrit et se réécrit comme un livre. Elle est faite de Mémoire et d'Intuition.*** » **(Jacques Attali.)**

« ***Un peuple qui oublie son passé se condamne à le revivre.*** » **(Winston Churchill.)**

« ***Presque tout ce que nous faisons est éphémère et trop vite oublié, alors qu'il est si gratifiant d'avoir fait quelque chose qui reste dans la mémoire collective.*** » **(John Williams.)**

« ***La vie est perdue contre la mort, mais la mémoire gagne dans son combat contre le néant.*** » **(Tzvetan Todorov.)**

DU MEME AUTEUR

1- *Le Tir au Fusil - Manuel d'Instruction Militaire.*
Les Presses Nationales d'Haïti, 1979 (127 pages).
Dépôt Légal # 97-09-274.

2. *Vérités et Révélations I - Le Silence Rompu.*
Imprimeur II - Port-au-Prince, 1993 (264 pages).
Dépôt Légal # 93-07-116.

3. *Vérités et Révélations II - Plaidoyer pour l'Histoire.*
Imprimeur II - Port-au-Prince, 1994 (264 pages).
Dépôt Légal # 94-07-116.

4. (En collaboration avec Wilner François et Joseph Désir).
Mon Crédo - Manuel d'Instruction Civique.
Imprimerie Laser - Port-au-Prince, 1995 (198 pages).
Dépôt Légal # 95-08-241.

5. *Vérités et Révélations III - L'Armée d'Haïti, Bourreau ou Victime?*
Imprimerie Le Natal, S. A - Port-au-Prince 1997 (483 pages).
Dépôt Légal # 97-09-275.

6. *From Glory to Disgrace - The Haitian Army (1804-1994).*
Universal Publishers, Boca Raton, Florida, USA, 1999 (413 pages).
ISBN # 1-58112-836-3.

7. *An Appeal to History - The Truth about a Singular Lawsuit.*
Universal Publishers, Boca Raton, Florida, USA - 2000 (304 pages).

ISBN # 1-58112-784-7.

8. *Le Livre Noir de l'Insécurité.*
Imprimerie Le Natal, S.A. - Port-au-Prince, 2001 (392 pages).
ISBN # 99935-621-0-6.

9. *The Black Book on Insecurity.*
Universal Publishers, Boca Raton, Florida, USA, 2004 (355 pages).
ISBN # 1-58112-533-X.

10. *La Justice Face au Pouvoir Politique en Haïti (2001 - 2004).*
Imprimeur II - Port-au-Prince, 2005 (280 pages).
Dépôt Légal # 05-08-466 ; ISBN # 99935-889-7.

11. *Justice Versus Politics in Haiti (2001-2004).*
Universal Publishers, Boca Raton, Florida USA - 2007 (183 pages).
ISBN # 1-58112-966-1.

12. *Haïti (1983-2013) - Le Mupanah, un Monde à Découvrir.*
L'Imprimeur S. A. - Port-au-Prince, 2013 (458 pages).
Dépôt Légal : 13-03-118.
ISBN : 978-99935-7-390-6.

AVERTISSEMENT

Août 1964 - Août 2014

L'année 2014 marque le cinquantième anniversaire de l'invasion armée d'Haïti par un groupe de treize (13) jeunes téméraires, ingénieux, enthousiastes, magnanimes mais idéalistes. Ces jeunes compatriotes eurent le courage de débarquer clandestinement dans le mouillage de la Petite-Rivière de Dame-Marie, un misérable village de pêcheurs de l'âge de la pierre taillée situé dans le département géographique de la Grand'Anse. Leur but avoué : renverser l'ordre des choses établi dans la République d'Haïti dirigée lors par le président François Duvalier depuis le 22 octobre 1957.

Ce débarquement osé, opéré dans la nuit du 5 au 6 août 1964, n'allait pas tarder à entraîner de graves conséquences politiques et sociales dans tout le pays. Il engendra une menace immédiate pour la vie et la survie des Grand'Anselais dans leur dignité humaine, pour celles des métis de la ville de Jérémie, prétendus partisans de l'ancien candidat à la présidence, Louis Déjoie et, en particulier, pour des proches de la famille des envahisseurs.

L'héroïque acte public posé causa de profondes blessures morales, physiques et économiques difficiles à cicatriser dans notre société et laissa simultanément des séquelles socioculturelles certaines en Haïti et aussi dans la diaspora haïtienne.

Que d'ouvrages, d'œuvres historiques, de débats, de reportages, de libelles, de pamphlets ont été, durant ces dernières décennies, publiés, diffusés, divulgués ici et ailleurs, retraçant ou évoquant les douloureux épisodes de ces tragiques événements qui avaient endeuillé tant de familles haïtiennes ! Pourtant rien de précis, d'impressionnant ou transcendant n'est écrit sur ce que j'appelle LA geste héroïque de ces treize (13) jeunes haïtiens natifs-natals qui portaient en eux la flamme louverturienne, cette vision dessalinienne de grandeur, de liberté, d'humanisme et d'idéalisme propre aux jeunes de ma génération, cette jeunesse nourrie du lait des héros cornéliens Rodrigue, Polyeucte, Horace, Cinna... ; des leçons de dignité, du sens de l'honneur et du devoir transmises par nos émérites professeurs, nos guides avisés des années 1952-1957 : les Lamartinière Honorat, Pierre Gousse, Gérard Gourgue, Weber Alexandre, Marcel Gilbert, Rémy Zamor, Windsor K. Laferrière, et consorts.

Nos héros anonymes, à leurs exemples, avaient décidé de faire le sacrifice de leur vie, d'offrir généreusement leur poitrine immaculée, leur virginité politique pour que triomphât leur cause *a priori* christique, noble, magnanime.

Les écrivains et les cinéastes qui ont abordé le sujet se sont contentés surtout de statuer, d'opiner sur le caractère oppressif, voire sanguinaire, tyrannique du régime de François Duvalier, lequel, - devenu irascible après moult tentatives d'invasions armées du territoire national et de complots politiques et diplomatiques ourdis par ses ennemis personnels, irréductibles -, entendait juguler, anéantir, fustiger, pulvériser pareils aventuriers assimilés à des bandits, des terroristes, des marxistes-léninistes, des « anti-noiristes », donc à des épouvantails néfastes, nuisibles à la stabilité politique nationale et au rayonnement de son gouvernement. Mais nous devons tous admettre que rien de vraiment remarquable, jusqu'à présent, n'est dévoilé sur les luttes acharnées, les combats épiques livrés par ces illustres inconnus : nos jeunes héros, alors anonymes.

Je crois que la valeur intrinsèque de ces treize guérilleros haïtiens ne doit pas être occultée. Que cesse cette insulte faite à leur mémoire : les faire passer pour des victimes d'un système politique tyrannique, sectaire, antidémocratique, exclusif ! Ils doivent être considérés, au contraire, dorénavant, comme de véritables, vaillants, conséquents, braves, valeureux, vertueux, téméraires combattants de la liberté, de la démocratie et de l'honneur collectif national qui avaient joué et ont perdu, avec tous les honneurs dus à leur patriotisme éclairé, à leur noble idéal, à leur conviction idéologique ou doctrinale ! Ils ne peuvent donc mériter notre pitié malsaine ! Je me fais le devoir de vous convier tous, chers lecteurs et lectrices, à leur rendre ce « devoir de mémoire ».

Pensant aux jeunes de mon âge, à mes camarades du *Petit Séminaire Collège Saint Martial*, du *Lycée Toussaint Louverture,* aux licenciés de ma promotion à la *Faculté de Droit et des Sciences Economiques de Port-au-Prince*, à mes frères de l'*Académie Militaire d'Haïti*, à mes frères d'armes, je me vois obligé d'écrire ce présent ouvrage pour rendre un hommage mérité aux treize (13) héros de *Jeune Haïti* de 1964, en relatant leur odyssée, en narrant leurs prouesses et histoire, en exaltant leurs courage, foi, vertu, bravoure et surtout leur stoïcisme face à la mort, en louangeant leur opiniâtreté face aux dangers, aux obstacles et épreuves de tous ordres rencontrés sur leur parcours .

Je me suis donné également la douloureuse tâche de vous faire vivre les déceptions et amertumes de ces idéalistes, de ces treize (13) jeunes apôtres de la démocratie, abandonnés par leurs patrons, guides, leaders et camarades de la région, réduits à vivoter seuls dans la jungle de la Grand'Anse, seuls dans cet enfer impitoyable, alors qu'ils ne recherchaient aucune gloire personnelle, ne convoitaient aucune fonction lucrative. C'était au nom du peuple haïtien que ces angéliques aventuriers s'étaient engagés corps et âme dans la voie de la démocratie (en 1964) qui conditionne, aujourd'hui encore, le développement harmonieux de leur pays natal, l'état de bien-être de chacun de leurs frères, le mieux-être des masses rurales et urbaines.

Dans les lignes et les pages que je vais avoir le privilège d'écrire, chers lecteurs et lectrices, j'ambitionne l'honneur de vous renseigner sur la valeur intrinsèque, transcendante, humaine de nos héros de 1964 ; d'insérer dans leur contexte historique et géopolitique leurs actions ; d'interroger aussi l'apathie ou l'indifférence d'un grand nombre d'Haïtiens (noirs et mulâtres) qui n'avaient osé les secourir, les assister, les défendre, mais avaient préféré, hélas, les abandonner à leur sort, les ignorer souverainement, les livrer à leur destin ; enfin d'expliquer les raisons ou causes de leur piteux échec.

Peut-être, cette fois-ci, le lecteur se fera une nouvelle opinion objective de ladite invasion armée des treize (13) guerriers de *Jeune Haïti* de 1964, il y a maintenant cinquante (50) ans, et en tirera les conséquences de toutes les inconséquences constatées, verbalisées, rapportées dans ce livre.

Prosper Avril

INTRODUCTION

Au début du mois d'août de l'an de grâce 1964, un groupe de jeunes Haïtiens, exilés volontaires ou vivant, étudiant aux États-Unis d'Amérique, par une action militaire d'éclat, avaient envahi leur pays natal afin de renverser le gouvernement du Président François Duvalier, de « chasser le tyran du Palais National », élu démocratiquement le 22 septembre 1957 pour un mandat de six (6) années, mais encore au pouvoir en l'année 1964. Quelle était la situation en Haïti à l'époque ?

Le 21 avril de l'année 1960, réalisant un coup d'État par les urnes, une « opération électorale » dite démocratique, le docteur François Duvalier avait bénéficié d'un second mandat présidentiel avant même l'expiration du premier. Puis, « *le soir du 14 juin 1964, à la faveur d'un référendum, le peuple haïtien conférait une sorte de légitimité tiré du suffrage universel au citoyen François Duvalier nommé Président à Vie de la République.*» (Anthony Georges-Pierre, *François Duvalier, Titan ou Tyran*, p. 479.)

Ces jeunes compatriotes, démocrates par principe, doctrinaires convaincus, révolutionnaires formés à l'école du castrisme en vogue, naturellement avaient protesté ouvertement et décidé de riposter contre ce qu'ils considéraient comme une imposture. Révoltés, ils avaient alors estimé que le despotisme affiché par le docteur Duvalier avait atteint la limite de l'intolérable. Dédaignant l'action strictement politique, électorale, voie normale démocratique indiquée pour prendre le pouvoir ou opérer des changements à la direction de l'État, ils choisirent d'entreprendre une action armée pour atteindre leur objectif principal dans un court délai. Leur option les conduisit directement à une catastrophe parce qu'ils ne connaissaient pas le terrain dans lequel ils allaient évoluer, sous-estimaient les forces dont disposait du gouvernement qu'ils prétendaient vaincre par les armes et ne possédaient pas une connaissance approfondie des hommes et des choses de leur temps. 1964 - 2014, cinquante (50) années déjà depuis que ces treize (13) idéalistes s'engagèrent dans cette aventure périlleuse, voire suicidaire. Débutée sur le terrain le 6 août 1964, leur odyssée se terminera le 12 novembre de la même année - soit trois (3) mois plus tard - devant le peloton d'exécution des deux (2) derniers héros de cette émouvante épopée haïtienne.

Je tiens, dans cet ouvrage, à analyser strictement le parcours militaire des treize (13) guérilleros de *Jeune Haïti* de 1964 jamais bien considéré par nos écrivains, cinéastes, chroniqueurs, politiciens et hommes politiques de l'époque ; à souligner leur résistance héroïque face aux forces régulières, constitutionnelles, gouvernementales dépêchées pour les combattre, vaincre, détruire, annihiler.

J'entends discourir aussi sur ce haut fait militaire remarquable à l'exemple de celui de la Crête-à-Pierrot, nullement comparable aux insignifiantes invasions tentées au cours des présidences de François et de Jean-Claude Duvalier. Celle analysée dans ce bouquin doit être approchée sous l'angle d'une véritable campagne militaire stratégique où, au cours des combats et des manœuvres, se sont produits des exploits militaires, des prouesses de guerre, de hauts faits d'armes qui méritent de figurer ou d'être inscrits aussi dans les annales de l'histoire nationale.

Je ne veux faire le procès d'aucun parti ou groupement politique, de nul clan ou groupe ethnique ou social, ni porter aucun jugement de valeur sur les motifs qui avaient contraint les doctrinaires de l'organisation *Jeune Haïti* à agir de façon si brutale, antidémocratique, révolutionnaire.

Je ne vais pas non plus statuer sur les barbares agissements des autorités politiques de l'époque et de leurs thuriféraires ou exécuteurs de hautes ou basses œuvres, ni analyser les graves préjudices que cette aventure a causés à certaines familles de la ville de Jérémie et des environs. D'autres éminents chercheurs et écrivains se sont penchés sur ces événements sanctionnant très sévèrement la présence dans la Grand'Anse de ces jeunes combattants, sur les conséquences désastreuses ayant résulté de leur démarche. Je ne m'en tiendrai qu'au fait militaire !

Qui avaient composé ce groupe ? Comment ce commando de révolutionnaires avait-il été formé ? Les membres choisis avaient-ils été militairement entraînés, endoctrinés ? Comment avaient-ils pu résister pendant près de trois (3) mois aux assauts des unités régulières dépêchées pour les affronter, forces mille fois plus puissantes, mieux organisées, structurées, hiérarchisées, entraînées, ravitaillées que les leurs ? Quid de leur force morale, leur bravoure, leur comportement sur le terrain, la stratégie et les manœuvres utilisées pour affronter l'ennemi, les sacrifices consentis pour remplir leur mission, leur fin, leur mort, la ou les causes de leur échec ?

Je répondrai à toutes ces questions posées et à bien d'autres soumises par des citoyens et observateurs soucieux d'être informés, renseignés sur ces jeunes héros modernes, puisque j'étais présent sur la scène des opérations pendant tout le temps qu'avait duré la campagne militaire. Je suis donc un témoin oculaire acculé à dire la vérité, toute la vérité, étant lors un jeune sous-lieutenant des

Forces Armées d'Haïti, frais émoulu de l'*Académie Militaire d'Haïti*, obligé comme tous les soldats du pays, de remplir un devoir sacré : la défense de l'intégrité du territoire de la République.

Je crois faire œuvre de mémoire et être utile à ma patrie et au peuple fier d'Haïti en mettant à la disposition des chercheurs, historiens et intellectuels haïtiens le contenu de documents inédits, de précieuses informations sur les exploits, l'héroïsme, la vaillance de nos treize (13) compatriotes qui ont offert le sacrifice de leur jeunesse, de leur vie sur l'autel du dieu Mars, pour le triomphe de leur noble idéal, de leur croyance en une nouvelle Haïti, meilleure grâce à la déesse baptisée DÉMOCRATIE.

À l'occasion de la commémoration du cinquantième anniversaire du débarquement armé des treize (13) guérilleros de *Jeune Haïti*, je vous livre donc, chers lecteurs et lectrices, un ouvrage qui consigne les attentes, les péripéties, les espoirs, les joies, les succès, les illusions, les déceptions, la grande défaite de ces stoïques héros cornéliens qui avaient tenté de renverser par les armes le régime de François Duvalier, de vaincre une armée régulière disciplinée et équipée à l'époque.

Spéculant sur les causes principales de l'échec d'une telle entreprise apparemment révolutionnaire, M. Serge Picard avance et soutient l'hypothèse de « *mésentente* entre les treize » au lieu de « *trahison dans leur rang* », lit-on dans *Le Nouvelliste* du 8 août 2014.

L'auteur de l'article, Yvon Janvier, lui, pense que, « *ce grain de sable qui a enrayé la machine et empêché l'aboutissement de leur mouvement de guérilla, visant l'éjection du pouvoir de François Duvalier, amenant plutôt celui-ci à avoir l'opportunité de pourchasser les 13 débarqués à Dame-Marie en 1964, reste encore méconnu.* » (Yvon Janvier, *Jérémie se souvient de Jeune*

Haïti et du massacre de 1964, p. 8)

Bernard Diederich, de son côté, dans « Le Prix du Sang », page 252, mentionne l'absence totale d'information sur ce sujet puisque « *les treize n'ont rien laissé des détails de leur longue bataille contre la mort. Ils n'ont laissé ni journal ni témoignages. Même leurs femmes ignoraient où ils allaient et quels étaient leurs objectifs.* »

La vérité historique m'oblige donc à témoigner pour dissiper toutes les lacunes, hérésies et surtout les fantaisies et élucubrations inventées par des esprits partisans ou mal informés.

Après avoir effectué un survol du phénomène des débarquements dans ce pays à travers l'histoire, présenté le contexte géopolitique qui avait favorisé, en l'année 1964, l'invasion du sol d'Haïti par les treize (13) de *Jeune Haïti* et fourni des informations et renseignements sur certaines de leurs démarches, sur la préparation technique des acteurs de l'épopée, je me ferai le devoir d'épiloguer sur l'itinéraire suivi par le groupe de la date de son débarquement à la Petite Rivière de Dame-Marie, dans la Grand'Anse, jusqu'au dernier combat à Ravine Roches, près de Lasile, mettant fin aux « opérations militaires » menées en été-automne 1964, à travers monts et vallées de la presqu'île du Sud.

CHAPITRE I

DES ANTÉCÉDENTS

Le débarquement clandestin du groupe *Jeune Haïti*, en août 1964, n'est pas la première tentative militaire ou entreprise armée effectuée sur les côtes d'Haïti en vue de renverser un gouvernement établi. De prime abord, j'estime nécessaire de rappeler brièvement l'histoire des débarquements de gens armés dans le pays dans l'unique but de remettre en cause l'ordre des choses en Haïti, de détrôner des chefs d'État pourtant élus régulièrement, démocratiquement, ce, antérieurement à la présence dans le pays des combattants de *Jeune Haïti*.

Ce phénomène a débuté en avril 1876 avec le débarquement de Boisrond Canal à Saltrou (Belle-Anse), à la tête d'une vingtaine d'exilés politiques décidés à attaquer, vaincre et déchouquer le président Michel Domingue et son vice-président Septimus Rameau. Il s'est répété en mars 1883, lorsque Boyer Bazelais, le chef du parti Libéral, à la tête d'un contingent de 92 exilés armés jusqu'aux dents, débarqua au port de Miragoâne aux fins de terrasser les Nationaux, les vaincre sur les champs de bataille et chasser du *Palais National* leur leader, le président Lysius Félicité Salomon Jeune, régulièrement élu le 23 octobre 1879 par l'Assemblée

Nationale pour une période de sept (7) ans.

Après 1883, le phénomène des invasions armées avait disparu du panorama politique haïtien jusqu'à l'avènement du gouvernement dirigé par le président François Duvalier élu démocratiquement le 22 septembre 1957 à la suite d'élections organisées par le Conseil Militaire de Gouvernement composé du général Antonio Th. Kébreau, assisté des colonels Emile Zamor et Adrien Valville.

Ce chef d'État installé au pouvoir le 22 octobre 1957 aura à affronter les assauts de plusieurs groupes d'envahisseurs armés, d'ennemis politiques et militaires professionnels.

1. Fin juillet 1958, neuf (9) mois après son installation au Palais National, le président François Duvalier eut la désagréable surprise « d'accueillir » la visite d'un groupuscule d'aventuriers armés de pied en cap, dirigés par un officier réformé de l'armée d'Haïti, le capitaine Alix Pasquet. Le groupe Pasquet avait débarqué à Délugé, zone de Saint-Marc, à environ 80 kilomètres de Port-au-Prince, puis avait occupé militairement les Casernes Dessalines, dans le but de destituer le chef de l'État, le président François Duvalier.

2. Une année plus tard, en août 1959, dans la foulée du grand succès militaire remporté par Fidel Castro à Cuba au détriment du général président Fulgencio Batista en janvier de la même année, l'intégrité du territoire fut violée par la hardiesse d'une trentaine de Cubains surnommés « les barbudos ». Ces révolutionnaires castristes débarqués aux Irois, dans la Grand'Anse, voulaient renverser le gouvernement de Duvalier et imposer en Haïti la révolution triomphante de leur glorieux leader.

3. Après un répit de quatre (4) années, en 1963, le cycle des invasions armées avait repris : un ancien chef d'État-major de l'armée d'Haïti, le général de brigade Léon Cantave, à la tête d'un

groupe de soldats improvisés, de partisans anti-duvaliéristes et d'anciens militaires haïtiens, avait traversé la frontière haïtiano-dominicaine, dans sa partie septentrionale. Il entendait faire la guerre pour «déboulonner, déchouquer le régime de François Duvalier ».

4. Enfin en juin 1964, un groupe paramilitaire, les « Forces Armées Révolutionnaires Haïtiennes (F.A.R.H.), commandé par un nommé Fred Baptiste, débarqua, l'arme à la bretelle, dans le Sud-Est du pays toujours aux mêmes fins : renverser le président François Duvalier du pouvoir.

Ce n'est qu'après l'expérience des combattants du groupe des F.A.R.H. qu'interviendront, au mois d'août 1964, nos héros de *Jeune Haïti*, l'objet de cet ouvrage.

Je dois signaler aussi que le phénomène des débarquements armés n'était pas une particularité uniquement propre à Haïti. Au commencement des années 60, la République Dominicaine dirigée par le généralissime Rafael Leonidas Trujillo et la République de Cuba du leader révolutionnaire Fidel Castro, deux (2) États souverains voisins d'Haïti, avaient eu, elles aussi, la désagréable surprise d'accueillir sur leur territoire respectif des exilés armés, décidés de renverser le gouvernement de leur pays natal.

Si ces actions de déstabilisation et les actes à caractère subversif posés ont eu un impact certain sur la vie politique et économique des pays concernés, à plus forte raison, sur celle de l'anémiée Haïti, je n'en tiendrai pas compte, me confinant spécifiquement au fait militaire, comme mentionné tantôt.

En ce domaine, que s'était-il passé avant la présence en Haïti des treize (13) guérilleros de *Jeune Haïti* en ce mois d'août 1964 ?

A.- L'INVASION ARMÉE DU COMMANDO PASQUET

François Duvalier a inauguré son mandat de six (6) années le 22 octobre 1957. Dès le début de l'année 1958, les nuages avaient commencé à s'amonceler contre sa présence au *Palais National.* Au mois de mars, un citoyen américain nommé Arthur Payne était pris en flagrant délit de recrutement d'officiers de l'armée d'Haïti en vue de prêter main forte à une action d'invasion visant le renversement du gouvernement.

Les activités d'Arthur Payne dénoncées à la Police, il avait été mis en état d'arrestation et expulsé hors du territoire de la République. Son complice, le lieutenant réformé Raymond Chassagne, avait été traduit par-devant une Commission Militaire pour être jugé. Suite à cette affaire, Raymond Chassagne avait été condamné, le 31 mai 1958, à une année de réclusion pour complot contre la sûreté intérieure de l'État.

Entre-temps, l'atmosphère politique s'était trouvée perturbée, le 30 avril, par l'explosion, à Mahotières, une banlieue de Port-au- Prince, d'une bombe artisanale, causant l'arrestation de nombreux citoyens et l'expulsion du pays, le 11 mai, du sénateur Louis Déjoie, accusé d'être « le principal instigateur du complot de bombes de Mahotières ».

Depuis le départ pour l'étranger de Louis Déjoie, Port-au-Prince vivait dans une relative tranquillité quand, le 28 juillet 1959, se produisit le premier débarquement d'un commando armé pour renverser le président François Duvalier du pouvoir. Dès l'aube du 29, la capitale d'Haïti s'était réveillée sous le feu de la mitraille, dans le fracas des balles vomies du Champ de Mars, aux alentours du *Palais National* et dans l'enceinte des *Casernes Dessalines,* des coups de feu fusaient de toutes parts, des Port-au-Princiens s'affolaient, des partisans du président Duvalier, ameutés, prenaient la direction du *Palais National*, armés de toutes sortes d'armes démodées, tranchantes ou contondantes.

Que se passait-il au *Palais National*, résidence officielle du président de la République ? S'agissait-il d'un coup d'État réalisé par l'Armée pour chasser du pouvoir ce chef d'État élu pourtant pour une durée de six (6) années ? Les citoyens s'interrogeaient donc, mais ne trouvaient aucune réponse crédible aux questions posées.

En quête de nouvelles, les gens allaient apprendre aux environs de 6 heures que cette situation pour le moins bizarre était engendrée par l'action audacieuse d'anciens officiers de l'armée d'Haïti qui avaient débarqué les armes à la main dans le pays, et investi au cours de la nuit les *Casernes Dessalines*, quartier général de la garnison militaire la plus puissante et la mieux équipée de l'institution militaire haïtienne, à l'époque.

Les informations et renseignements se précisant de minute en minute, la population n'avait pas tardé à apprendre que des mercenaires (des étrangers) avaient accompagné ces ex- officiers haïtiens dans leur entreprise jugée criminelle.

Qui étaient ces envahisseurs, les membres du commando ?

Les Haïtiens, de plus en plus surpris, déboussolés, arrivaient enfin à découvrir le pot aux roses, la vérité : le nombre d'assaillants qui prétendaient s'emparer du pouvoir ne dépassait pas le chiffre de huit (8). Leur étonnement fut total quand, vers 8 heures, les autorités commencèrent à divulguer les noms et prénoms des envahisseurs. Le nombre de ressortissants étrangers dépassait celui des Haïtiens : cinq (5) mercenaires américains et trois (3) anciens officiers de l'armée d'Haïti.

Un de ces anciens officiers avait choisi de prendre la route de l'exil accompagnant le président Paul Magloire après la démission de ce dernier du pouvoir en décembre 1956. Les deux (2) autres officiers étaient renvoyés de l'armée d'Haïti après les tragiques et déshonorants événements du 25 mai 1957 pour avoir, alors, opposé des frères d'armes des unités de l'armée prises dans la tourmente politique de l'époque. Une guerre fratricide, sans grandeur, sans objectif patriotique, mais plutôt une lutte idéologique, partisane, mesquine !

Je vous les présente :

1- Capitaine Alix Pasquet, ancien commandant d'une compagnie des *Casernes Dessalines*, renvoyé après les événements du 25 mai 1957 ;

2- Lieutenant Philippe Dominique, ancien commandant du centre équestre de l'Armée, beau-frère du capitaine Pasquet, renvoyé également après les événements du 25 mai 1957 ;

3- Lieutenant Henri Perpignan, un ancien officier du service administratif de l'Armée, qui avait volontairement choisi de prendre l'exil avec le général Paul E. Magloire, en décembre 1956.

Les cinq (5) Étrangers qui les accompagnaient se nommaient :

1- Arthur Payne, citoyen américain, qui avait vécu en Haïti, et récemment avait été expulsé du pays, parce que surpris en pleine activité jugée subversive. Il recrutait des officiers de l'Armée pour le projet du capitaine Alix Pasquet d'envahir le pays ;

2- Dany Jones, un autre citoyen américain, shérif adjoint du Comté de Dade de l'État de la Floride, le *Miami Dade County* ;

3- Robert Hyckey, un aventurier professionnel, également de nationalité américaine ;

4- Levant Kersten, un autre aventurier américain ;

5- Joseph D. Walker, le capitaine d'une vedette de 55 pieds baptisée *Mollie C*, utilisée pour le transport maritime des membres du commando, des côtes de la Floride à Haïti.

Ce commando, composé de huit (8) hommes téméraires, s'était donné une mission bien définie, concoctée à Miami, aux U.S.A. : « renverser François Duvalier du pouvoir, occuper le *Palais National*, former un nouveau gouvernement. »

Une fois sur le sol haïtien, à Délugé, ils annihilèrent une patrouille du commandant du district militaire de Saint-Marc, le lieutenant Fénelon Léveillé qu'accompagnaient trois (3) soldats dans une tournée d'inspection.

La nouvelle reçue que des étrangers avaient débarqué sur la côte, le lieutenant Léveillé, officier responsable, s'était empressé de se rendre à Délugé pour les rencontrer, les aider. Arrivés sur les lieux, son véhicule fut accueilli par des rafales de balles tirées à bout portant. Les quatre (4) militaires du district de Saint-Marc tombèrent raides morts.

Leur forfait consommé, Alix Pasquet et ses hommes s'emparèrent du véhicule de patrouille. Les trois (3) militaires se vêtirent alors de leur uniforme d'officiers de l'armée d'Haïti, prirent place avec les mercenaires étrangers dans la Jeep du district venue les accueillir et se dirigèrent vers Port-au-Prince.

Non loin d'Arcahaie, le véhicule tomba en panne, Pasquet et sa troupe furent obligés de l'abandonner au bord de la route, de s'accaparer d'une camionnette de transport public pour continuer leur marche sur Port-au-Prince, atteindre les *Casernes Dessalines*. Pour y pénétrer, ils usèrent d'astuces et d'audace, trompèrent la vigilance de la sentinelle grâce à l'uniforme d'officiers réguliers que portaient les militaires du groupe, prirent d'assaut le poste en tuant à bout portant la sentinelle, le soldat Guébert Jean-Louis. Faisant irruption à l'intérieur des casernes, ils abattirent également l'officier du jour, le lieutenant Champagne Constant ainsi qu'un médecin militaire, le lieutenant Alphonse Edouard, qui se trouvait au bureau de l'officier de service,

Heureux, enthousiastes, de plus en plus confiants dans la réussite de leur aventure osée, les assaillants occupèrent le bureau du commandant du Département avant de pénétrer dans le dortoir où dormaient une cinquantaine d'enrôlés. Là, ils réveillèrent les soldats, les tinrent en respect, sortirent le sergent Prinston Beauvil, puis fermèrent les autres à double tour dans leur quartier.

Sitôt, éloignés de la zone du dortoir, les envahisseurs assassinèrent froidement, sans jugement et commisération, le sergent Prinston Beauvil ?

Pourquoi, de façon visiblement préméditée et lâchement, le capitaine Pasquet avait-il ordonné l'exécution de ce sous-officier désarmé, sans défense, au cours de la nuit de l'invasion ?

L'Histoire nous permet de répondre à cette question posée.

Lors des tristes événements du 25 mai 1957 au cours desquels une fraction de l'Armée s'était révolté contre l'autorité du général de brigade Léon Cantave, chef d'état-major de l'armée d'Haïti, qui avait lors établi son quartier-général aux *Casernes Dessalines*, le caporal Prinston Beauvil fut choisi par ses chefs hiérarchiques pour commander une escouade de neuf (9) enrôlés chargés de réduire au silence, dans le plus bref délai, les pièces de canon installées non loin de Rex Théâtre, au Champ de Mars, qui bombardaient sans répit les *Casernes Dessalines*, y causaient des dégâts importants.

Exécutant à la lettre les instructions précises et le plan conçu par le stratège capitaine André Fareau, l'escouade de Beauvil avait emprunté le lit de la ravine « Bois-de-Chêne », pris à revers les artilleurs mutins. En un court laps de temps, officiers et servants des batteries, pièces d'artillerie, canons avaient été éliminés. Furent tués au cours de cette opération militaire les lieutenants Hans Wolf, Donatien Dennery et le sous-lieutenant Michel Desrivières.

Or, le capitaine Alix Pasquet avait été l'âme de cette mutinerie et le principal instigateur de l'attitude belligérante de ces officiers contre les Casernes. Écoutez le colonel Pressoir Pierre :

« *Les officiers du groupe Déjoie avaient mis en batterie au Champ de Mars, des pièces de canon de 75 mm pointées sur les Casernes Dessalines. Leur chef de file, le capitaine Alix Pasquet, avait un but précis : la prise du pouvoir pour lui-même.* » (*Témoignages - L'Espérance Déçue,* p. 89)

En outre, un rapport d'enquête sur les événements du 25 mai 1957, avait désigné Philippe Dominique comme « l'agent exécutif numéro un du bombardement des *Casernes Dessalines* par le Corps d'artillerie de l'Armée ». Aussi lui et son beau-frère Pasquet n'avaient-ils pas oublié leurs camarades tombés ce jour-là, au champ de Mars. C'est pourquoi, pour les venger, ils procédèrent à l'assassinat, froidement, du sergent Prinston Beauvil, un militaire discipliné qui n'avait fait que son devoir de soldat.

Ayant établi son quartier général au Bureau du Général Maurice Flambert, Pasquet s'empressa d'en utiliser le téléphone du bureau pour appeler le Pénitencier national aux fins de demander de libérer dans l'immédiat le lieutenant réformé Raymond Chassagne condamné deux (2) mois auparavant, comme on le sait, à une année de réclusion pour « complot contre la sûreté de l'État ».

En lisant le premier chef d'accusation dressé contre cet officier à l'occasion de son procès, on comprendra aisément le geste de Pasquet à l'endroit du lieutenant Chassagne :

« *Attendu que Raymond Chassagne, citoyen haïtien, majeur, demeurant à Port-au-Prince, après avoir pris contact avec l'étranger Arthur Payne venu en Haïti dans le but d'attenter à la sûreté de l'État, a arrêté un rendez-vous à Port-au-Prince au mois de mars 1958 entre cet étranger et le capitaine Daniel Beauvoir, Armée d'Haïti, à l'effet de fournir audit Arthur Payne des secours en hommes en ébranlant la fidélité des Officiers de l'Armée d'Haïti envers le Chef actuel de l'État d'Haïti.* » (Clément Célestin, *op. cit.*, p. 273)

Entre-temps, les coups de feu tirés pour abattre la sentinelle, les officiers de service et le sergent Beauvil avaient alerté le *Palais National*. Réveillé en sursaut, le président Duvalier vint s'enquérir auprès de l'officier du Jour du Palais de ce qui se passait. Il prit le téléphone de service et appela aux *Casernes Dessalines* le général Maurice Flambert. Il fut étonné alors d'entendre la voix de Pasquet qui lui dit : « *Ce n'est pas Flambert, vous vous adressez au capitaine Alix Pasquet. Je contrôle maintenant les Casernes Dessalines et l'armée d'Haïti. Je vous somme de démissionner immédiatement !* » Le président Duvalier en resta coi. Il tendit le combiné à l'officier en lui demandant de vérifier s'il s'agissait bien du capitaine Pasquet au bout du fil. S'exécutant, l'officier reconnut effectivement la voix de Pasquet. Il confirma alors le fait au président Duvalier. Pasquet avait raccroché.

Cependant l'officier de service reprit le combiné, composa à nouveau le même numéro aux fins de s'assurer qu'il n'existait aucun doute au sujet de cette confirmation qu'il venait de faire au Président de la République. C'était encore Pasquet au bout du fil. L'officier, le lieutenant Henri Namphy, s'étant identifié avant d'engager la conversation, Pasquet en profita pour lui demander d'embrasser sa cause et de lui livrer le président Duvalier. Le lieutenant Namphy lui fit alors cette réponse : « *Entendons-nous, capitaine Pasquet, le président est à côté de moi, si vous le voulez, vous pouvez venir le chercher !* » (Mario Delatour, *Victorieux ou Mort, mais Jamais Prisonnier*). À ces mots, il raccrocha le combiné.

Le président Duvalier n'avait daigné répondre à l'ultimatum de Pasquet.

Vexé, voire outragé, par le mépris de Duvalier et la réponse du lieutenant Namphy, Pasquet intima l'ordre à ses compagnons de commencer les hostilités, de cribler de balles l'édifice public : le *Palais National.*

Était-ce un acte de désespoir ou de bravade propre aux bluffeurs impénitents ? Car, s'agissant de stratégie militaire stricte, des tirs nourris contre les murs du *Palais National* ne signifiaient pas grand-chose étant donné que, par ce moyen employé, ces militaires belliqueux, belligérants n'arriveraient jamais à occuper militairement l'objectif visé. Ne disposant pas de troupes sous leur commandement, ils n'avaient aucun moyen d'assurer la conquête du bâtiment du *Palais National*, l'occuper concrètement, tuer ou faire prisonniers les membres formant la garnison, les officiers de la *Maison Militaire*, le corps de sécurité et le président Duvalier lui-même. Toute personne sensée était en droit de considérer ces attaquants comme des épouvantails, des farceurs, des bluffeurs. Ne s'étaient-ils pas amusés à faire exploser des bâtons de dynamite sur la cour des Casernes dans le but de faire croire qu'ils étaient bien pourvus en engins destructeurs ?

En outre, en assassinant lâchement la sentinelle, l'officier du jour, le médecin de service et, surtout, le sergent Prinston Beauvil, très proche des enrôlés, considéré par la troupe comme un héros depuis son exploit du 25 mai 1957, les envahisseurs ne comptaient que des ennemis résolus au sein de la troupe des *Casernes Dessalines*. C'est la raison pour laquelle, craignant la réaction des enrôlés qui ne pouvaient avaliser l'assassinat de leurs frères d'armes abattus cyniquement, ils les avaient isolés, consignés dans leur dortoir, loin des râteliers où étaient déposés leurs fusils. Pas un seul soldat de la troupe ne les avait rejoints dans leur projet. Ordonné d'ouvrir le feu contre le *Palais National*, Philippe Dominique avait dû faire fonctionner lui-même et seul une mitrailleuse de calibre 50 sur trépied, alors que cette arme d'équipe nécessite trois (3) enrôlés servants pour être mise en batterie et intervenir efficacement.

Les assaillants bluffaient donc. Leur échec cuisant pouvait être considéré comme le résultat d'une opération suicide dès que, entre 8 et 9 heures, des dispositions militaires, logistiques et stratégiques avaient été arrêtées par le Haut état-major de l'armée pour les anéantir tous, constater leur débâcle, leur triste fin.

Dans son remarquable ouvrage, « *Compilations pour l'Histoire* », Clément Célestin, puisant ses sources dans le quotidien *Le Nouvelliste*, fait un compte rendu détaillé de ces événements sous le titre : « Les événements des 28 et 29 juillet 1958. » Lisez bien :

« *Six hommes, dans la nuit du 28 au 29 juillet 1958, débarquèrent sur une petite plage, à Délugé, non loin de la ville de Saint-Marc. Ils venaient de Miami et avaient réalisé la traversée à bord d'une goélette, le « Mollie C », de 50 pieds de long. À la faveur de la nuit, ils remontèrent vers Saint-Marc et, dans des circonstances non encore d'terminées, donnèrent la mort au Commandant du District de Saint-Marc, le lieutenant Léveillé. Puis, ils arrêtèrent une camionnette sur la route. Revolver au poing, ils forcèrent le chauffeur à abandonner la voiture. C'était une camionnette Ford, immatriculée au No. P-8028 et qui, par coïncidence, avait pour nom "Malgré Tout". Puis, ils se dirigèrent sur Port-au-Prince.*

Ils entrèrent aux Casernes Dessalines. Comment avaient-ils pu tromper la vigilance des gardes ? Une sentinelle fut abattue ainsi que l'officier du jour et un médecin militaire, le lieutenant Edouard. Puis ils prirent possession des Bureaux du Commandant des Casernes Dessalines...

*Ces hommes, qui étaient-ils ? C'étaient les ex-officiers Alix Pasquet, Henri Perpignan, dit Riquet, et Philippe Dominique. Les ex-officiers haïtiens portaient tous l'uniforme de l'Armée d'Haïti. Ils étaient accompagnés de trois étrangers (*sic*), dont un Américain qui portait un nom familier aux Haïtiens, puisqu'il était lié à une affaire évoquée il n'y a pas longtemps et qui lui a valu d'être expulsé et à un ancien officier de l'Armée d'Haïti d'être traduit devant la Cour Militaire et condamné. Il s'agit d'Arthur Payne.*

Pasquet s'installa derrière le bureau du commandant des Casernes, prit le téléphone, sonna d'abord le Palais National et lança un ultimatum au Gouvernement. Il appela aussi, selon les informations fournies par les autorités, le commandant du Pénitencier National, le major Constant, à qui il demanda la libération immédiate de l'ex-lieutenant Raymond Chassagne. Il téléphona encore à d'autres postes militaires. Pendant ce temps, les gardes qui étaient déjà au lit, se réveillèrent en sursaut quand une rafale de mitrailleuse fut tirée contre le Palais National. Ne comprenant pas ce qui se passait, ils n'eurent aucune réaction tout d'abord. Puis, ils commencèrent à déserter les Casernes Dessalines. Un grand nombre d'entre eux se rendirent au Palais National qui, à ce moment-là, commençait à organiser sa défense.

Des officiers et soldats d'autres postes de la capitale furent appelés tandis qu'arrivaient un grand nombre de duvaliéristes. Ils établirent stratégie, plan et prirent position à la faveur de la nuit... Ils attendirent l'aube pour ouvrir l'attaque. Et, vers 5h. 30 la bataille commença. Au même moment, la sirène du Quartier-Général de la Police déchira l'air par deux fois.

Tout Port-au-Prince fut réveillé. Les habitants de la capitale se demandaient ce qui se passait. Ils ne furent pas long à comprendre. Car ils entendaient bientôt de nombreux coups d'armes et des rafales de mitrailleuses partant de la direction des Casernes Dessalines et du Palais National. Radio Commerce, peu après, informait les auditeurs de ce qui se passait, et on apprenait avec surprise le débarquement de Délugé, la présence de Pasquet, de Dominique et de Perpignan aux Casernes. La radio annonçait aussi qu'ils étaient pratiquement prisonniers puisque la foule de Duvaliéristes était massée aux abords du Palais et des Casernes, menaçante, décidée.

De fait, ces trois ex-officiers et leurs trois (sic) *compagnons étrangers s'étaient fortement retranchés aux Casernes Dessalines. Dominique avait pris sur place une mitrailleuse 30 montée sur trépied, s'était posté sur la galerie principale des Casernes, tandis que les autres s'étaient retranchés en différentes positions. Ils pouvaient balayer toute la cour des Casernes du feu nourri de leurs mitrailleuses et empêcher toute attaque frontale venant du Palais. De temps à autre, ils tiraient des rafales contre le Palais dont l'étage, à la façade ouest* (sic), *porte de nombreuses traces.*

Les forces du Palais, comprenant des militaires et des civils, déployèrent la stratégie suivante : Ils attaquèrent les deux ailes des Casernes qu'ils occupaient peu après, en vue d'envelopper les occupants qui se trouvaient dans la partie centrale du bâtiment. Ils étaient donc pratiquement encerclés et essuyèrent un feu nourri de gauche, de droite et de l'étage du Palais. C'est alors que fut lancée l'attaque frontale...

Le Chef d'Etat-Major de l'Armée, le général Flambert, se trouvait aussi parmi les militaires qui attaquaient. Il fut blessé légèrement au visage d'un éclat de grenade (?). *Après l'attaque, ce fut le lancer de grenades, Pasquet en reçut une à la tête... Il est mort au Bureau du commandant des Casernes ; les autres furent tués dans le carré de l'Adjudant du Département. Il était à peu près 8h. 45. Riquet Perpignan, lui, a pu s'évader des Casernes. Il alla, blessé au bras gauche, se réfugier dans la cour du Dr. Mondestin, près du Musée National. Mais, pendant ce temps, des soldats et des civils pénétrèrent dans la cour du Dr. Mondestin. Il y eut échange de coups de feu entre Perpignan et le groupe. Les balles de Perpignan étant épuisées, quelques éléments du groupe pénétrèrent dans la cage et le criblèrent de balles.*

Voici par ailleurs quelques victimes de cette journée.

Morts. - Le soldat Guébert Jean-Louis (23 ans), le sergent Prinston Beauvil, le lieutenant Sylvestre François, le lieutenant Constant Champagne, le capitaine Nazaire, le lieutenant Fénelon Léveillé (St. Marc), le lieutenant Edouard.» (Clément Célestin, *Compilations pour l'Histoire, Tome IV*, pp. 17, 18, 25.)

À ce nombre, il convient d'ajouter les trois (3) soldats qui accompagnaient à Délugé le lieutenant Fénelon Léveillé. Donc, dix

(10) militaires en service avaient succombé, face au devoir.

Tel est le scénario de ce malheureux débarquement armé sur le territoire national en vue de renverser le gouvernement du président François Duvalier. Il échoua faute d'une stratégie militaire bien planifiée, étudiée, conçue.

Des funérailles officielles furent célébrées à Port-au-Prince à l'occasion de l'inhumation des officiers et soldats haïtiens victimes de cette aventure. Aux États-Unis d'Amérique, les responsables du Département de la Sûreté étaient très gênés de se trouver au centre d'une affaire si honteuse.

Un extrait du Miami Herald du 14 août 1958 cité par Clément Célestin témoigne cet embarras :

« *Le chef de la Police de Sûreté de Miami, Thomas J. Kelly, a donné des instructions pour qu'aucun des assistants shérifs du métro n'assiste aux funérailles de Dany Jones, en uniforme. Ces instructions mentionnaient même qu'aucune couronne ne soit envoyée au nom du Département de la Sûreté.*

Le chef des opérations du Miami Dade County, Hamman, déclara que Thomas J. Kelly s'est senti très indigné du fait que ses hommes se soient constitués des mercenaires et aient causé des ennuis non seulement au Comté de Dade, mais encore à leur patrie, les États-Unis. Il devint furieux à la pensée qu'ils aient pu commettre une action aussi traîtresse. » (*Op. cit.*, p. 53)

Cependant, il semble que l'opération, telle qu'elle était menée, ne concordait pas avec le plan concocté au départ. L'écrivain Lionel Paquin rapporte à ce sujet que Roger Rigaud s'était rendu en Haïti pour, conformément au plan conçu, établir certains contacts en vue de la participation effective, active d'opposants sur place à cette entreprise, mais que les trois (3) anciens officiers avaient décidé d'agir selon leur propre plan, dédaignant l'assistance de citoyens, de politiciens sur place engagés dans ce complot.

Il témoigne :

« *Roger me confia que, dès le début, il faisait partie du complot des officiers. Il s'était rendu plusieurs fois à Miami pour s'occuper des plans. L'invasion aurait dû se faire par avion. Ils changèrent les plans et ce fut par bateau. Il avait été une fois en Haïti pour organiser la liaison entre les envahisseurs et les partisans à l'intérieur... Tout était sous contrôle ; les incurseurs devaient débarquer à la faveur de la nuit, entrer à Port-au-Prince et s'emparer des Casernes Dessalines...*

La tâche de Roger était d'organiser des opposants de tous les partis, de les armer afin qu'ils encerclent le Palais... Durant plusieurs semaines, les membres clés du complot ne devaient jamais laisser leurs maisons entre 6 heures p.m. et 6 heures a.m., attendant le signal pour attaquer de front le Palais, alors que les envahisseurs attaqueraient sur le flanc opposé.

« *Quand Roger revint d'Haïti, il découvrit, à son grand chagrin, que les officiers avaient décidé d'agir seuls. Dans leur opinion, ils n'avaient pas besoin de l'aide de civils avec lesquels ils seraient obligés de partager le pouvoir après la victoire. Ils préféraient prendre eux-mêmes leurs propres risques. Les choses étant ce qu'elles sont, ils firent leur coup seuls ; ils arrivèrent à un doigt de la victoire* (sic)*et furent tués.* » (*Les Haïtiens, Politique de Classe et de Couleur*, pp. 180, 181)

Selon Roger Rigaud, l'entreprise audacieuse du groupe Pasquet allait influencer négativement le comportement du président François Duvalier au pouvoir, en faisant de lui un tyran. Cette opinion est mise en évidence par l'écrivain, l'ambassadeur Lionel Paquin :

« *Il (Roger Rigaud) prédit alors que cette alerte changerait le caractère du régime de Duvalier et en ferait un tyran implacable... Il n'y a rien de plus dangereux qu'un président qui a peur pour sa vie.* » (*Op. cit.*, p. 181)

En effet, le piteux échec du commando de Pasquet a eu d'énormes conséquences sur le panorama politique en Haïti : François Duvalier - ce mouton à l'âme d'un tigre - avait recueilli les lauriers de la victoire, du triomphe sur toute la ligne. Dès ce jour du 29 juillet 1958, des centaines de partisans s'étaient donné une raison justifiée pour faire du *Palais National* leur maison d'habitation. Le 30 juillet, le Sénat de la République avait conféré au président François Duvalier « *des Pouvoirs Exceptionnels pour la garantie de la sécurité nationale* » pendant six (6) mois. En septembre, il recevait du Trésorier de la Chambre de Commerce « *les valeurs recueillies de divers commerçants de la capitale et surtout des villes de province* » en vue d'aider au renforcement de la défense nationale.

« Les erreurs du passé sont les chances du futur », Duvalier a appris bien de nouvelles leçons : il modernise ses services d'espionnage et de contre-espionnage ; il donne une structure légale à ses partisans armés en créant une Milice civile (le Corps des V.S.N.) qu'il fait intégrer dans la Constitution ; il obtient, par contrat avec le gouvernement américain, l'envoi, en décembre de la même année, par les États-Unis d'Instructeurs militaires pour aider l'institution militaire haïtienne à mieux s'organiser, à structurer ses services ; en outre, il modernise l'équipement de cette institution en y adjoignant du matériel lourd.

Sur ce dernier point, *La Phalange* du 18 novembre 1958, citée par Clément Célestin, rapporte ce fait important :

« *Le bateau Allemand Pollux a débarqué hier, au début de*

l'après-midi, six tanks de fabrication étrangère. Équipés de canon anti-aérien (75 millimètres) et de mitrailleuses, les tanks destinés aux Forces Armées d'Haïti ont été reçus de Naples, Italie... » (*Op. cit.*, p.57)

Enfin, François Duvalier se sentit assez fort pour faire montre de « magnanimité » à la face du monde. Il signe, les 8 et 9 janvier 1959, quatre (4) arrêtés accordant « grâce pleine et entière » :

1- « au nommé *Raymond Chassagne, condamné à une année de réclusion, le 31 mai 1958* ;

2- aux *nommés Franck Léonard, Yves Bajeux, Holbert Christophe, condamnés à la peine de mort, le 25 août 1958* ;

3- au *nommé Louis Déjoie, jugé par contumace et condamné à la peine de mort, le 21 novembre 1958* ;

4- au *nommé Franck Séraphin, condamné à trois années de réclusion, le 3 janvier 1959.* » (Clément Célestin, *op. cit.*, pp. 242, 300, 320, 465)

François Duvalier avait donc été le grand bénéficiaire au point de vue politique de cette action armée contre son gouvernement. Toutefois, malgré l'échec fatal essuyé par le groupe Pasquet, une nouvelle invasion d'hommes armés eut lieu au cours de l'année 1959. Cette fois-ci, il s'agissait bien d'une initiative d'éléments étrangers, de Cubains du groupe des barbudos du leader Fidel Castro qui venait, par la lutte armée, de conquérir le pouvoir à Cuba. L'objectif de cette invasion demeure le même : l'écroulement du régime de François Duvalier, mais avec un corollaire : implanter par les armes la révolution cubaine en Haïti.

Mais attention ! La révolution cubaine n'aura pas des répercussions, à ce point de vue, seulement en Haïti. Au mois de juin 1959, une invasion d'exilés dominicains mêlés à des Cubains débarquaient en République Dominicaine dans le but de renverser du pouvoir le général Raphael Leonidas Trujillo. Jetons d'abord un coup d'œil sur cette invasion.

B-L'INVASION DE LA RÉPUBLIQUE DOMINICAINE

8 janvier 1959. La victoire de Fidel Castro à Cuba est bel et bien consacrée, reconnue dans le monde entier. Dès lors, Rafael Leonidas Trujillo de la République Dominicaine était campé sur ses gardes. Il craignait une attaque venant de Fidel Castro dont il n'avait pas oublié la participation dans le projet d'invasion baptisé "Cayo Confites", concocté en l'année 1947 contre son gouvernement.

Le projet d'invasion n'avait pas pu se concrétiser grâce à l'intervention brutale et efficace du gouvernement cubain d'alors qui avait capturé, désarmé et emmené au camp militaire de Columbia, à La Havane, tous les chefs de cette expédition. Aussi, avec l'arrivée de Castro au pouvoir à Cuba, Trujillo s'était-il préparé à faire face à toute éventualité.

Ã cet égard, l'écrivain Tad Szulc rapporte :

« *Si, en 1959, Castro redoutait une invasion américaine, il craignait aussi une attaque en provenance de la République Dominicaine, menée par son ennemi juré... Les deux dirigeants commencèrent donc à prendre des dispositions afin de prévenir toute attaque, même si aucun d'eux ne semblait comprendre la situation politique qui régnait dans le pays de l'autre.*

Trujillo mit sur pied une "légion étrangère" composée de mercenaires antillais, de Cubains anticastristes, d'Espagnols fascistes parmi lesquels se trouvaient d'anciens combattants de la Division Azul, d'Allemands et d'opposants croates. » (Tad Szulc, *Castro, 30 ans de Pouvoir Absolu,* p. 438)

Les appréhensions de Trujillo s'avérèrent fondées car, six (6) mois après la prise du pouvoir par Fidel Castro à Cuba, le 14 juin 1959, le territoire de la République Dominicaine fut effectivement envahi par une troupe de cinquante-six (56) combattants composée de Dominicains et de Cubains ayant pour mission essentielle : la chute du régime de Trujillo. Il semble que, dès cet instant, Haïti se trouvait aussi sur la liste. Écoutez l'écrivain Tad Szulc :

« *On n'a jamais su si cette "légion" devait servir à défendre Haïti ou à attaquer Cuba, mais Castro frappa le premier, après avoir fourni une préparation militaire à des Dominicains hostiles à Trujillo. À l'aube du 14 juin, un bimoteur C-46, fourni par le Venezuela, atterrit à Constanza dans les montagnes du Centre ; cinquante-six rebelles, dont dix Cubains, se trouvaient à bord, sous les ordres du commandant Delio Gómez Ochoa, ancien coordonnateur du mouvement du 26 juillet à La Havane.*

Rapidement, l'armée dominicaine anéantit le petit groupe et captura Gomez ; six jours après, les forces aéronavales de Trujillo coulaient deux bateaux de plaisance chargés de rebelles dominicains qui tentaient de débarquer à Puerto Plata, sur la côte septentrionale. Ainsi prend fin le seul effort tenté par Castro pour affronter Trujillo, et il importe sans doute peu de savoir s'il faisait de l'« Internationalisme » ou s'il espérait empêcher le vieux dictateur de se frotter à lui.» (Tad Szulc, *op. cit.*, pp. 438, 439)

L'invasion de la République Dominicaine n'avait donc pas abouti aux résultats escomptés. Toutefois, internationalisme ou pas, deux (2) mois plus tard, Haïti allait être victime de l'invasion de son territoire par un groupe armé composé exclusivement de Cubains.

C- L'INVASION DES "BARBUDOS" CUBAINS

Une année seulement après l'invasion de Pasquet, le même phénomène de débarquement d'hommes armés sur les côtes d'Haïti se produisit dans de but de renverser l'ordre constitutionnel établi après l'accession du président François Duvalier au pouvoir. À l'aube du mercredi 12 août 1959, l'humble village côtier Les Irois, localité située à environ cinquante (50) kilomètres de la ville de Jérémie, la métropole de la Grand'Anse, allait assister à un spectacle inédit, inoubliable, présenté sur la scène de son monde rural. Des Étrangers, barbus, lourdement armés d'engins de guerre venant par-delà l'horizon des mers, avaient débarqué sur une plage des Irois. Ils n'étaient pas des pêcheurs ni des touristes. Si eux tous avaient utilisé la langue espagnole pour communiquer entre eux, leur chef qui se nommait Henri Fuertes, lui, s'exprimait en français et baragouinait le créole d'Haïti.

Lionel Paquin nous fournit des renseignements utiles sur cet homme appelé Henri Fuertes :

« *Henri Fuertes avait autrefois vécu en Haïti et épousé un membre de ma famille. Un homme très mystérieux, cet Henri Fuertes ! Personne n'était certain de ses origines. Un jour, il disait qu'il venait d'Algérie, un autre jour d'ailleurs. Il avait une réputation impeccable de bluffeur...*

Maintenant, Henri Fuertes était un authentique héros de la révolution cubaine, avec rang de Commandant, le plus haut grade. Il devint notre supporter le plus influent. Il connaissait Déjoie très bien puisqu'ils avaient été alliés... (*Op. cit.*, p. 201)

En tant que héros de la révolution cubaine aux côtés de Fidel Castro, Henri Fuertes était l'homme qu'il fallait avoir sous la main pour se procurer les armes et munitions nécessaires au mouvement de déstabilisation des gouvernements honnis. Sollicité par des membres de l'opposition contre François Duvalier, il leur avait promis de les approvisionner en matériel de guerre. Il pouvait disposer librement de l'arsenal de Fidel Castro à cette fin.

Écoutons Lionel Paquin :

« Fuertes nous amena dans tout le pays (à Cuba), surtout dans des villes portuaires, pour choisir notre matériel. Quel coup d'œil ! Des millions de dollars du meilleur matériel de guerre américain, cadeau de Washington à Batista, traînaient partout. Fidel n'avait même pas encore fait l'inventaire de ce butin de guerre... Tous les types de fusils, bateaux, bazookas, tanks, avions, mitraillettes, le rêve d'un révolutionnaire - tout ça gratis. Fuertes était le patron. » (*Op. cit.*, p. 201)

Tel est le profil de cet étranger qui se trouvait aux Irois à la tête des trente (30) Cubains, lesquels, une fois leurs pieds sur le sol d'Haïti, s'étaient dépêchés d'attaquer l'avant-poste militaire de la zone où quatre (4) soldats cantonnés, désarçonnés, surpris par des agresseurs lourdement armés, furent tués. Mais un enrôlé de ce poste avait pu s'échapper et regagner le district militaire d'Anse d'Hainault et avait pu faire un rapport verbal à son chef hiérarchique, rapport acheminé immédiatement en hauts lieux.

Les Cubains, maîtres du terrain sans coup férir, entreprirent alors d'engager de force, comme « guides », quelques paysans pour les conduire à Pic Macaya, où ils comptaient établir « un front de guérilla » comme l'avait fait Fidel Castro dans la Sierra Maestra, le célèbre refuge du leader cubain et de ses Barbudos pendant la Révolution cubaine. C'est de là que le groupe des Cubains révolutionnaires avait pu étendre leur mouvement qui devait aboutir à la chute de Fulgencio Batista.

Le Grand quartier général des F.A.D.H. et le *Palais National* établis à Port-au-Prince furent alertés par les messages reçus à travers les structures de communication militaires. Les responsables politiques et militaires dépêchèrent sur les lieux des unités des *Casernes Dessalines*. À l'époque, comme mentionné précédemment, ces troupes avaient bénéficié, depuis décembre 1958, de l'expertise d'officiers du Marine Corps des États-Unis d'Amérique fraîchement déployés comme consultants auprès de l'armée haïtienne.

Une fois sur les lieux - le théâtre des opérations militaires - les troupes dépêchées, bien entraînées et équipées, n'avaient pas tardé à anéantir les barbudos cubains composant la force d'invasion d'août 1959. Les paysans de cette région du Sud du pays s'étaient d'ailleurs montrés très réticents et peu coopératifs à la réalisation de l'audacieux projet des Cubains d'établir un front de guérilla à Pic Macaya. Ils avaient, de préférence et volontiers, mis leurs sciences, intelligence, savoir, génie, vertu citoyenne et personne au service des troupes régulières nationales pour les aider à chasser, pourchasser, détruire, anéantir les aventuriers étrangers.

Si les Marines américains avaient prodigué aux troupes des conseils sur la meilleure façon de mener les opérations, ils n'y prirent cependant pas une part directe aux affrontements. « *Ce furent les soldats ordinaires de l'Armée qui finalement rencontrèrent les envahisseurs et qui littéralement les liquidèrent "comme des pintades" »,* devait déclarer le major René Léon, commandant du Département militaire du Sud, au journaliste-écrivain Bernard Diederich, qui rapporte le fait dans son livre :

« Les jeunes Cubains, en effet, étaient totalement désorientés dans leurs recherches de supposés alliés et de recrues. Les troupes haïtiennes les surprirent alors qu'ils mangeaient un cabri boucané,

les pieds dans l'eau d'un ruisseau, de vrais canards d'appât. Ils se firent tués jusqu'au dernier sous le feu des armes automatiques des soldats. » (*Le Prix du Sang, Tome I*, p.88)

Le ratissage avait duré dix (10) jours. Le bilan accusa vingt-cinq (25) barbudos tués et cinq (5) autres faits prisonniers qui furent convoyés, ficelés avec des cordes rudimentaires, vers Port-au-Prince.

Pour avoir une idée globale de la situation, lisez la relation faite par le colonel Robert D. Heinl, le chef de la Mission militaire américaine en Haïti à l'époque de cet événement :

« *Dans la nuit du 12 - 13 août, un petit bateau à voile de passage au large du Cap des Irois a été rattrapé et arraisonné par un caboteur diesel près de Baracoa, un port obscur sur la côte nord de Cuba. Sous la menace des canons du navire cubain dont tous les membres portaient des uniformes et des armes de l'armée de Castro, le voilier dut prendre à son bord un peloton de trente Cubains dirigé par un Français d'Algérie parlant créole, du nom de Henri d'Anton (ou Henri Fuertes). Celui-ci avait vécu en Haïti, épousé une fille de la famille Déjoie et, dans le passé, servi comme soldat de fortune avec Fidel Castro dans les Montagnes d'Escambray.*

À la faveur d'une légère brise de l'aube, le voilier se dirigea sur Les Irois, s'approcha d'une plage peu profonde, jeta par-dessus bord un bloc de moteur rouillé servant d'ancre et replia sa voile faite de sac de farine, tandis que les envahisseurs, après avoir donné quelques cigarettes cubaines au capitaine du bateau, firent rapidement pied-à-terre. Après quelques coups de feu, ils eurent raison des quatre hommes d'un Avant-Poste (bien que l'un des membres réussît à s'échapper vers Anse d'Hainault), après quoi, Fuertes engagea des guides parmi les villageois, donnant à chacun d'entre eux un insigne déjoieiste portant l'inscription "libération".

Puis la colonne envahit l'intérieur du pays se dirigeant vers les anciens bastions de Goman dans le Massif du Sud.

La réaction initiale à Port-au-Prince a été la panique. Cependant, sur les conseils des officiers du Marine Corps fraîchement arrivés en Haïti, des mesures immédiates furent prises pour organiser une reconnaissance par air et par mer en vue de trouver, localiser, fixer les envahisseurs. Avec l'aide des conseillers du Marine Corps, des unités des Casernes furent transportées par la voie de l'air à Jérémie et là, elles entrèrent en campagne. Deux contacts sérieux s'ensuivirent, après quoi les Cubains, qui avaient subi des pertes appréciables, se séparèrent en petits groupes. En piteux état, ils furent ou tués ou capturés par les troupes des Casernes ou par les paysans de la zone (à qui avait été offerte la forte somme de 500 gourdes pour chaque envahisseur tué). Henri Fuertes fut poursuivi et tué dans une grotte. Cinq jeunes garçons cubains furent, en fin de compte, emmenés en vie à Port-au-Prince, attachés avec des cordes à la manière des temps anciens. Le 22 août, tout était terminé. » (Traduction de l'auteur.) (Robert Debs Heinl et Nancy Gordon Heinl, *Written in Blood, The Story of the Haitian People - 1492 - 1995*, pp. 551, 552)

Au point de vue militaire, ces Cubains n'avaient pu opposer aucune résistance aux forces régulières. Il ne fut pas offert aux troupes de l'Armée l'occasion d'effectuer une véritable opération militaire. Le groupe des envahisseurs était composé en majeure partie de jeunes de dix-huit (18) à vingt (20) ans, inexpérimentés, qui ne pouvaient donner mieux, quoique placés sous le commandement d'Henri Fuertes, un vétéran de la guerre de guérilla. L'entreprise fut donc soldée par un échec retentissant : Vingt-quatre (24) Cubains perdirent ainsi la vie et cinq (5) autres furent faits prisonniers. Quant à Henri Fuertes, le chef de l'expédition, après avoir tissé des lauriers de gloire à Cuba dans la guerre contre Fulgencio Batista, il était venu mourir en Haïti :

« *Le chef de l'invasion, Henri Fuertes, fut le dernier à mourir,* écrit Bernard Diederich. *Il s'était réfugié dans un trou de la montagne et se battit jusqu'à son dernier souffle.* » (*Op. cit.*, p. 89)

Deuxième débarquement, deuxième échec. Un autre point positif au bénéfice du président François Duvalier.

Carlo Désinor en fait le constat :

« *Une invasion des barbudos cubains dans la Grand'Anse, huit mois après l'arrivée de Castro au pouvoir à Cuba, sera vite écrasée par les troupes civilo-militaires de Duvalier dont le prestige se trouve, encore une fois, rehaussé, par la force de la situation, face aux autorités américaines qui, bon gré mal gré, sont obligés de reconnaître en lui, dans la conjoncture actuelle, un mal nécessaire et efficace.* » (*Il était une fois : Duvalier, Bosch & Kennedy - 1963*, p. 34)

Comme pour ironiser le sort, le régime fraîchement installé du leader Fidel Castro allait, lui aussi, souffrir du phénomène des invasions peu de temps après le triomphe de sa révolution et moins de deux (2) années après les déconvenues des Barbudos sur le territoire national. Le 17 avril 1961, des exilés cubains de Miami en très grand nombre débarquaient à Cuba, Baya de Cochinos.

D.- L'INVASION D'EXILÉS CUBAINS À CUBA

Il est indispensable, pour une bonne compréhension du message contenu dans cet ouvrage, de rappeler aux lecteurs le film de la défaite cuisante, au cours de la même époque, de la plus gigantesque invasion qui ait jamais été tentée contre un gouvernement établi en Amérique. Il s'agit de celle mise en branle en l'année 1961 par des Cubains exilés à Miami en vue du renversement du gouvernement de Fidel Castro qui s'était emparé du pouvoir par la force des armes à Cuba au mois de janvier 1958. Cette épreuve de force, nonobstant son envergure et malgré son ampleur, n'avait pas réussi à ébranler le régime de Fidel Castro. Elle aussi, avait pitoyablement échoué. L'immense support logistique dont les envahisseurs avaient bénéficié à l'occasion n'avait pas servi à grand-chose.

Le 15 Avril 1961, à 06h00, heure locale, huit (8) bombardiers Douglas B-26B Invader, divisés en trois groupes, avaient attaqué simultanément deux aérodromes cubains, à San Antonio de los Baños et à Ciudad Libertad, ainsi que l'aéroport international Antonio Maceo à Santiago de Cuba. Les appareils B-26B avaient été astucieusement peints aux couleurs de la FAR, l'armée de l'air de Cuba. Ils étaient armés de bombes, de roquettes et de mitrailleuses et avaient pris vol de Puerto Cabezas, au Nicaragua. Leur équipage, pilotes, navigateurs et mécaniciens, était composé d'exilés cubains. L'inventaire des équipements de la Force Aérienne cubaine (FAR) comprenait, de son côté, des bombardiers légers B-26, des avions de chasse Sea Hawker Fury et Lockheed T-33. Le but de l'attaque aérienne des exilés, baptisée « Opération Puma », était de détruire au sol tous ces avions armés en vue de la préparation de l'invasion principale qui devait se faire par un débarquement massif de troupes sur les côtes de l'île.

Toutefois, malgré la destruction au sol d'un bon nombre d'appareils, toute la force aérienne n'pas été mise hors service. Après les frappes surprises subies par les aérodromes, il restait encore quelques avions militaires prêts à engager le combat.

Lisez cet extrait de Wikipédia :

« *Après les frappes aériennes sur les terrains d'aviation de Cuba, le 15 Avril 1961, le FAR a réussi à préparer pour l'action armée au moins quatre T-33, quatre Sea Fury et cinq ou six B-26. Les trois types d'appareils étaient armés de mitrailleuses (canon de 20mm) et étaient, dans le cas des Sea Fury, aptes à engager le combat air-air et opérer le mitraillage de cibles au sol. Les trois types d'appareils pouvaient aussi transporter des bombes pour effectuer des attaques contre les navires et les tanks.* » (http://en.wikipedia.org/wiki/Bay_of_Pigs_Invasion)

Le surlendemain, 17 avril, près de deux mille (2000) exilés composant une force baptisée "Brigade 2506" entraînés au Guatemala par des instructeurs américains, débarquaient à Cuba en deux (2) points : à Playa Larga et Playa Gíron, au fond et à l'entrée de la Baya de Cochinos (Baie des Cochons) située à 200 kilomètres de la capitale, La Havane. La direction politique de cette action était assumée par un comité d'exilés de Miami, le « Conseil Révolutionnaire Cubain » (CRC), sous l'autorité de l'ancien Premier ministre du gouvernement de Castro en 1959, José Mirò Cardona, passé à l'opposition. Son objectif : former un gouvernement provisoire dans la zone libérée par les envahisseurs, gouvernement qui serait immédiatement reconnu par certaines grandes puissances. (Source : Jacovo Machover, *Anatomie d'un désastre, Baie des cochons, Cuba, avril 1961*)

Bourrés d'illusions, les exilés cubains, le cerveau empoisonné par les fausses informations reçues, étaient convaincus que la population était acquise à leur cause et se soulèverait spontanément, dès qu'ils seraient sur le terrain.

Partis du Nicaragua à bord de quelques navires appartenant à un armateur cubain sympathisant, les envahisseurs arrivèrent en vue de leur terre natale dans la nuit du 16 avril et, le 17, lancèrent à la Baie des Cochons leur opération baptisée « Opération Zapata ».

Le débarquement des exilés cubains sur la plage de la Baie des Cochons annoncé, réalisé, la force aérienne cubaine, dont la totalité des appareils n'a pas été mise hors service lors des bombardements récemment subis, entra immédiatement en action et saborda deux (2) des quatre (4) navires des envahisseurs. Quant aux soldats et miliciens castristes - des révolutionnaires aguerris -, ils infligèrent de lourdes pertes aux exilés débarqués, opérèrent principalement la destruction de la cargaison de nombreux et modernes engins de guerre, du matériel militaire très sophistiqué que transportaient les deux (2) navires coulés.

Sur le rivage, les assaillants furent décimés par centaines, en dépit de leur puissance de feu assurée par les quelques chars, canons et mortiers dont ils disposaient.

Acculés à la défaite, les combattants anticastristes, quoique très motivés, bien entraînés et décidés à vaincre ou mourir les armes à la main, n'avaient pas réussi à pénétrer à l'intérieur de Cuba. Bloqués sur les plages de la Baie des Cochons, sans moyens de repli, ils furent submergés par la riposte des forces régulières.

Jacobo Machover explique : « *Les exilés cubains, qui ont débarqué dans une région agricole dont les habitants ont bénéficié des réformes agraires mises en place par le gouvernement de Castro, ne reçoivent pas le soutien attendu de la part des populations. L'intervention de la milice et des troupes de Fidel Castro, appuyés par la dizaine d'avions militaires cubains encore en état, mettent l'envahisseur en déroute, et les combattants anticastristes se rendent à l'armée cubaine le 19 avril.* » (*Anatomie d'un désastre, Baie des cochons, Cuba, avril 1961*,- http://www.clio-cr.clionautes.org/)

Les munitions épuisées, le gros de la troupe avait, en effet, mis finalement bas les armes, tandis que, encerclés dans les marais côtiers où ils avaient tenté de s'enfuir, quelques dizaines d'irréductibles (dont les trois principaux chefs militaires de la brigade) furent attrapés après quelques jours, vaincus par la soif, la faim et le quadrillage du terrain.

Les forces gouvernementales cubaines, victorieuses, avaient capturé 1150 assaillants. Quelques envahisseurs, très chanceux, étaient arrivés à s'échapper par la mer. Les autres avaient été tués.

« *Ce désastre sans appel ne s'explique pas seulement par l'accumulation des défauts tactiques qui ont obéré la viabilité militaire de l'opération. Il a aussi pour substrat des erreurs stratégiques de fond. L'expédition a été sous-dimensionnée, mal soutenue et lâchée précipitamment par ses commanditaires.* » (Jacobo Machover, *op. cit.*, même référence)

Quelques-uns parmi les envahisseurs capturés ont été passés par les armes pour avoir été d'anciens militaires attachés au général Batista. Les autres purent bénéficier d'un procès collectif très médiatisé qui s'acheva finalement en un meeting où Fidel Castro annonça que les condamnés seraient transformés en monnaie d'échange : « *Ils seront libérés en échange de tracteurs, de médicaments et d'aliments pour enfants* ». Même les trois (3) chefs militaires de l'expédition ont été épargnés. Cette mise à prix était destinée à « *indemniser le peuple cubain* », avait déclaré Fidel Castro.

Effectivement, « *Au mois de mai 1961, Fidel Castro proposa d'échanger les prisonniers survivants de la brigade pour 500 gros tracteurs de ferme, d'une valeur de 28 millions de dollars. Le 8 septembre 1961, 14 prisonniers de la brigade ont été reconnus coupables de torture, assassinats et autres crimes graves commis à Cuba avant l'invasion, cinq ont été exécutés et neuf emprisonnés pour 30 ans.* » *(Wikipédia, Op cit.*)

Ainsi, l'invasion des 2000 exilés cubains à la Baie des Cochons connut-elle un échec cinglant et humiliant à la fois.

E.- LES INVASIONS DU GÉNÉRAL LÉON CANTAVE

Après la folle équipée des barbudos cubains en l'année 1959, la République d'Haïti avait bénéficié d'un répit de quatre (4) années. En 1963, la valse des invasions armées du territoire sacré haïtien avait repris. Mais cette fois-ci, des hommes d'origine haïtienne avaient pu, en République Dominicaine, constituer une armée de rebelles, s'entraîner puis envahir leur pays natal aux fins de renverser le gouvernement établi, celui de François Duvalier.

Le général Léon Cantave, un ancien chef d'état-major de l'armée d'Haïti retraité en 1957, avait décidé, après un long séjour aux États-Unis d'Amérique, d'élire domicile en République Dominicaine. Pourquoi cette décision ?

Au début de l'année 1963, de grandes purges pour chasser les éléments jugés indésirables dans l'armée d'Haïti avaient été opérées par le président François Duvalier. Révoqués, réformés, renvoyés de leur institution, plusieurs officiers, sous-officiers et soldats s'étaient réfugiés en République Dominicaine, la destination la plus facile à atteindre. Il leur avait suffi de franchir la frontière, de se mettre à couvert dans ce pays voisin pour se sentir en sécurité, sous le parapluie de militaires des Forces armées dominicaines solidaires de leurs collègues haïtiens.

À la faveur de cet épiphénomène migratoire, le général Léon

Cantave avait cru le moment venu pour entrer en République Dominicaine, profiter de la présence dans ce pays d'un important nombre de compatriotes, dont des exilés politiques et des réfugiés militaires, les encourager à s'unir, à faire front commun, à s'organiser en une armée révolutionnaire pour envahir Haïti, les armes à la main, aux fins de demander des comptes à François Duvalier, d'éliminer physiquement les notoires «Tontons macoutes », de rétablir le régime démocratique.

Une fois sur place, en République Dominicaine, le général Cantave trouva plus qu'il n'espérait : les exilés haïtiens s'étaient déjà « organisés en groupes de combattants ». Acclamé un peu partout comme « le chef, le libérateur », il prit la direction des opérations militaires à concevoir, étant auréolé de prestige grâce à son passé, à sa stature d'homme intègre, vertical et patriote éprouvé, à son grade militaire élevé qui lui valut d'être le chef d'état-major de l'armée d'Haïti. Et ces exilés, confiants et assurés d'une victoire certaine sur les « forces du mal », avaient d'emblée accepté de reconnaître son leadership en attendant de sabler le champagne prochainement avec lui au Palais National.

Grâce à l'enthousiaste support reçu de quelques hauts gradés de l'armée dominicaine, le général Cantave avait pu, dans un temps record, obtenir l'autorisation l'habilitant à établir un camp d'entraînement sur le territoire dominicain et, en juillet 1963, plus de deux cents (200) individus avaient été recrutés afin de constituer la force d'invasion. Au début du mois d'août, les troupes rebelles bien entraînées étant prêtes, le général Cantave avait décidé de passer à l'action pour atteindre les objectifs visés : occuper militairement le Nord d'Haïti, foncer sur Port-au-Prince.

L'invasion programmée fut mise en branle au début du mois d'août. Le général Léon Cantave ayant décidé d'envahir Haïti à partir du Nord, la ville de Dajabon avait servi de terrain de rencontre et de rassemblement où ses soldats armés, bien pourvus en munitions, s'étaient réunis dès le 1er août.

« Grenadiers à l'assaut ! » L'ordre du départ était donné. Une fois la rivière Massacre franchie, l'armée des rebelles du général Cantave se trouvait en territoire haïtien et la campagne du Nord avait commencé.

« *À l'aube du 5 août,* écrit Bernard Diederich, *la troupe traversa le bourg de Dérac qui faisait partie de la Plantation Dauphin. Cela se passa sans problèmes, sauf que, malgré les ordres, des indisciplinés tuèrent deux miliciens et un soldat qui gardaient un petit poste de police. Parmi les officiers qui avaient rejoint Cantave, il y avait le colonel Pierre Paret qui portait son uniforme et ses insignes. Il y avait aussi le lieutenant-colonel René Léon, commandant en second de l'expédition... À la fabrique de cordes de sisal, ils purent se saisir de quelques Jeeps et camions pour se diriger ensuite vers Fort-Liberté.* » (*Op. cit.*, pp. 208, 209)

Le général Cantave, mal informé de la réalité haïtienne, avait pensé qu'il lui suffisait de traverser la frontière pour que les unités de l'armée régulière cantonnées dans les villes se joignissent à lui, se soumissent à son commandement. Il était persuadé que son statut de général de brigade retraité et son auréole d'ancien chef d'État-major de l'armée d'Haïti allaient avoir une influence certaine sur l es garnisons militaires du Nord. Mais contrairement à ses attentes, ses tentatives de convaincre les troupes de Ouanaminthe à se rallier à sa cause avaient échoué. Aussi avait-il décidé d'occuper d'abord la ville de Fort-Liberté, selon lui plus facile à

Investir, d'autant plus que cette ville constituait un objectif important à atteindre, étant le chef-lieu du département du Nord-Est, donc le siège où étaient établies toutes les autorités civiles du gouvernement.

De Dérac, le général Cantave dirigea donc ses colonnes sur Fort-Liberté. Dans son optique, cette ville ne serait pas difficile à prendre, n'étant défendue que par un faible contingent de soldats. À partir de ce point comme tête de pont, il comptait renforcer son armée de nouvelles recrues, revenir sur Ouanaminthe ou mettre ses troupes en mouvement en direction du Cap-Haïtien.

Toujours dans la pensée de rallier les militaires haïtiens à sa cause, avant de lancer l'attaque, il expédia un message au commandant du district militaire de cette ville lui demandant de lui livrer la place. La réponse de l'officier fut sans équivoque : « *Le lieutenant Thomas qui commandait Fort-Liberté répondit à la demande de reddition faite par Cantave : « Si vous vous sentez suffisamment bien équipés, venez donc, je vous attends.* » (Bernard Diederich, *op. cit.*, p. 219) Cet officier était un christophien !

L'officier commandant le district militaire de Fort-Liberté, à l'annonce de l'avance des rebelles en direction de la ville, ordonna à ses hommes de quitter l'enceinte de la caserne pour occuper certains points stratégiques de la ville, principalement les ruines coloniales du bord de mer.

Les envahisseurs, arrivés en nombre imposant, pénétrèrent dans la ville comme s'ils allaient à la parade, en direction de la caserne du district. Ils avaient à peine franchi les portes de la ville qu'ils furent accueillis par des rafales d'armes automatiques tirées par les hommes de l'unité du lieutenant Thomas. Pris au dépourvu, car ne s'attendant pas à recevoir ces tirs en dehors de l'enceinte de la casernes, ils tentèrent de réagir ; mais leur riposte ne fut pas de taille, certaines de leurs armes n'avaient pas fonctionné. Mises en batterie, des mitrailleuses se trouvaient bloquées au moment du tir, les obus ne partaient pas des mortiers ou bien, quand ils partaient, n'explosaient pas au point d'impact après le tir, etc.

Dans une telle désastreuse situation, la panique avait gagné la troupe ; le général Cantave donna alors l'ordre de battre en retraite, de retourner à la frontière. Une des branches de la troupe des assaillants traversa en sens inverse la rivière Massacre en direction de la République Dominicaine. Au cours de cette traversée, beaucoup d'armes et de munitions disparurent sous les eaux.

Ne voulant point repasser la rivière Massacre en débandade, s'enfuir en désordre, ni donner à penser à une défaite prématurée, le général Cantave choisit de regagner Dajabon par une route intérieure avec l'autre branche de sa troupe. Le rideau venait de tomber sur sa première tentative d'invasion : un échec total, mémorable !

De retour en République Dominicaine, le général Cantave, dépité, frustré pour avoir été berné par ses commanditaires qui lui avaient fourni des armes d'aussi mauvaise qualité, se rendit compte de la nécessité de résoudre ce problème avant de reprendre le combat. Néanmoins, le 16 août, il autorisa le colonel René Léon, son principal assistant, à diriger une attaque contre la petite ville de Mont-Organisé, après avoir appris que le commandement de l'armée avait fait évacuer le contingent de ce district et n'avait laissé qu'un (1) caporal et deux (2) soldats à ce poste militaire.

En effet, à cause de la situation de belligérance de la zone, l'état-major militaire en Haïti avait décidé de remplacer la garnison qui s'y trouvait par des troupes fraîches et aguerries venant de Port-au-Prince. Les soldats, hier affectés dans ces localités, n'étaient pas entraînés pour le combat et n'avaient que des tâches de police à accomplir.

Aussi, lorsque le colonel Léon se présenta avec ses hommes à Mont-Organisé, il n'eut aucune difficulté à se rendre maître des lieux, les trois (3) enrôlés occupant le poste l'ayant évacué à leur arrivée, comme il leur avait été ordonné. Cependant, le jour de cette attaque coïncidait avec celui de l'arrivée du contingent de soldats venant de Port-au-Prince. Apprenant cette nouvelle, le colonel Léon décida de leur tendre sur la route une embuscade qui se convertit pour lui en désastre. Alertée à temps, la troupe fraîchement arrivée à bord de camions militaires avait fait pied à terre bien avant de pénétrer dans la zone de combat. Sous le feu des soldats réguliers, bien entraînés, les hommes de Léon, pris eux-mêmes à revers, durent replier et regagner la frontière au plus vite pour éviter un encerclement qui leur serait fatal. En cours de route, pour se consoler de leur déception, ils assassinèrent deux (2) miliciens rencontrés sur leur chemin et incendièrent quelques maisonnettes de paysans.

Bernard Diederich rapporte :

« *C'était le 16 août 1963, fête nationale, "Jour de la Restauration". La célébration se faisait à Capetillo... Le président Bosch devait s'y rendre et les festivités impliquaient, entre autres, 21 coups de canon et des vols d'avions... Bonne couverture pour la colonne de 72 Haïtiens qui grimpaient la colline où se nichait le bourg de Mont-Organisé parmi les caféiers. La garnison de 18 hommes avait été déplacée. Dans le poste, il n'y avait qu'un caporal aide-médical et deux soldats. Le colonel Léon s'empara donc du bourg sans coup férir... Le caporal lui annonça que la garnison était en route... Le lieu était parfait pour une embuscade..., mais l'un des*

Camoquins ne put s'empêcher de presser sur la gâchette de son fusil. L'élément surprise était perdu... Craignant d'être encerclé, le colonel donna l'ordre de se retirer. Deux macoutes de l'endroit furent tués et cinq maisons brûlées. » (*Op. cit.*, pp. 211, 212)

Voilà pour l'incursion, sous le commandement du colonel René Léon, des troupes de Cantave à Mont-Organisé.

Quelques jours plus tard, le général Cantave refusant de se considérer pour battu, fit exécuter un raid sur la ville de Ferrier avec dix-huit (18) hommes bien armés. Là, non plus, aucun combat n'eut lieu. La garnison militaire ne fut pas engagée. Les rebelles procédèrent lâchement à l'assassinat du maire de la ville et reprirent immédiatement le chemin de la frontière.

Après cette vile action de ses troupes à Ferrier, le général Cantave, face à la nécessité de revitaliser ses forces, entreprit des démarches aux fins de renouveler son arsenal. Bientôt, avec l'aide d'officiers de l'armée dominicaine, il put se procurer une forte quantité d'armes et de munitions : fusils M1, mortiers 60 mm, lance-grenades, mitrailleuses calibre 30, etc., divers obus et cartouches correspondant à ces armes. Un vrai arsenal de guerre.

Se sentant très confortable avec ce nouvel approvisionnement, et ayant pu réunir à nouveau un effectif appréciable de combattants, le général Cantave, assisté du colonel René Léon, arrêta les dispositions pour lancer une attaque d'envergure contre la caserne du district de Ouanaminthe, la mieux équipée de la région. La date de l'offensive fut fixée au 22 septembre 1963.

À la veille de la date convenue, avec des troupes estimées à un peu plus de 200 hommes, la frontière fut franchie dans la soirée du 21 septembre, du côté de la rivière Massacre.

« *La troupe montait à 210 hommes dont certains étaient venus pour la circonstance de New York et de Porto-Rico,* informe Bernard Diederich. *Les officiers portaient des mitraillettes. Ils avaient à la ceinture des pistolets 45 automatiques, il y avait 13 mitrailleuses 30, des escouades de mortiers et des bazookas, avec, en plus, toutes les munitions qu'on pouvait transporter. Quatre camions les emmenèrent le long de la rivière et à dix heures du soir, sous la lumière de la lune, ils traversèrent la Rivière Massacre.* » (*Op. cit.*, p. 215)

La rivière franchie, le commandant en chef Cantave ordonna à ses combattants de lancer l'attaque sur la caserne de Ouanaminthe. Il était 6 heures du matin, 22 septembre.

L'opération, une attaque frontale, commença par un feu nourri des assaillants sur le bâtiment abritant le quartier-général de ce district militaire. Mais au même moment de l'ouverture des hostilités, le colonel Léon fut subitement pris d'un malaise, son cœur avait flanché, paraît-il. Il dut donc abandonner le champ de bataille. Il fut transporté d'urgence vers un centre hospitalier à Dajabon. Cantave le remplaça immédiatement par le capitaine Blucher Philogène.

Le colonel Léon évacué, l'armée rebelle continuait d'avancer en ordre de bataille, de progresser en direction de l'objectif. Bientôt, elle se trouvait sans coup férir en face du bâtiment de la caserne. Mais les belligérants n'allaient pas tarder à recevoir une bien désagréable surprise : aucune troupe ne se trouvait sur les lieux.

Employant la même stratégie déployée à Fort-Liberté, le commandant du district de Ouanaminthe, lequel étaient renforcé par des contingents des *Casernes Dessalines*, avait évacué le bâtiment convoité et déployé ses soldats à l'intérieur du cimetière de la ville, une position qui contrôlait toutes les routes, rues, avenues et issues menant à l'Est.

Arrivés à portée de tir, les envahisseurs furent accueillis par une vive fusillade, des rafales de balles venant de directions auxquelles ils ne s'attendaient pas et qui les acculaient à la débandade, à la déroute. Culbutés par les forces gouvernementales, ils furent tués par dizaines.

Paniqués, désorientés, abasourdis par l'ingénieuse tactique employée par les troupes défendant la ville de Ouanaminthe, les guerriers du général Cantave ne pouvaient point combattre valablement, et pour cause :

1o- Croyant disposer de la supériorité en nombre, le général Cantave et son staff avaient misé uniquement sur la réussite facile de l'attaque frontale de la caserne pour obtenir la capitulation de ses occupants. Ils n'avaient envisagé aucune autre stratégie de combat.

2o- Les troupes de Cantave ne disposaient pas d'éléments qualifiés pour faire fonctionner les armes fraîchement reçues.

La déroute fut spectaculaire. Elle fut la conséquence du manque de préparation, de l'amateurisme et du caractère hétéroclite de cette troupe composée en majeure partie de néophytes dans le métier des armes !

Un nouvel épilogue tragique : le fameux capitaine Blucher Philogène, un ancien officier de l'armée d'Haïti, qui se croyait, se disait « invulnérable » fut tué lors de cette offensive menée par le général Cantave. Sa fin tragique avait agi sur le moral des rebelles qui n'avaient jamais cessé de louer sa légendaire bravoure.

Voilà comment Gérard Lafontant, un des acteurs de cette aventure militaire, raconte les circonstances de la mort du capitaine Blucher Philogène :

« *L'ex-capitaine, mouchoir rouge autour du cou, bravait tout seul le feu nourri des troupes gouvernementales, en avançant à découvert. "Bal pa pran m !* (Les balles ne peuvent m'atteindre) *Je suis invulnérable !" s'écriait-il. Il fut pourtant fauché par une rafale.* » (Paul Arcelin, *Cercueil sous le Bras*, p. 144)

Bernard Diederich confirme ces propos :

« *L'un des premiers à mourir durant l'attaque,* écrit-il, *était un vétéran de l'armée, un type rugueux et fougueux, le capitaine Blucher Philogène qui avait répété que les balles ne pouvaient pas l'atteindre car un « pwen »* (talisman) *puissant le protégeait. Il fut quasiment cisaillé en deux par une rafale de mitrailleuse.* » (*Op. cit.*, p. 218)

Le général Cantave lui-même faillit perdre la vie au cours de cette action lorsque, à l'exemple du général Capois-la mort, il tenta de prendre la tête d'un groupe d'attaquants afin de stimuler leur courage, leur ardeur. Peine perdue. Finalement, après quatre (4) heures de combat, il dut ordonner la retraite. Il était environ midi.

Le colonel Robert D. Heinl fait un récit laconique de ces initiatives du général Cantave jugées farfelues :

« *Alors que tous les yeux étaient fixés sur la capitale,* écrit-il bien à propos, *le général Léon Cantave, retourné en République Dominicaine, réalisa, avec le soutien de l'armée locale, la formation et l'organisation d'une force, à un moment, forte de 210 hommes, dans le but d'envahir le Nord. « L'invasion » Cantave se matérialisa aux mois d'août et septembre 1963 en une série de raids et d'attaques infructueux et stériles, dont la plupart avaient été trahis à l'avance ou autrement compromis.*

Valablement secondé (jusqu'à ce qu'une crise cardiaque l'ait terrassé sur le terrain) par le colonel René Léon qui avait combattu les barbudos Cubains dans les collines au-dessus des Irois, Cantave successivement prit ou plutôt essaya de prendre Fort-Liberté, Mont-Organisé, Ferrier et Ouanaminthe. En aucun cas, les envahisseurs n'avaient suffisamment de munitions, d'endurance ou, souvent, de courage pour aller de l'avant et vaincre. La dernière action de Cantave (typiquement trahi à l'avance) fut une attaque frontale, désastreuse, pour conquérir par la force la caserne de Ouanaminthe, le 22 septembre. Parmi les morts, figurait l'ancien capitaine des F.A.D'H., Blucher Philogène. » (Robert D. Heinl, *op. cit.*, p. 579)

Après l'ordre de retraite, les hommes de Cantave retournèrent par petits groupes de l'autre côté de la frontière, poursuivis par les troupes gouvernementales. À peine traversés, ils furent délestés de leurs armes et munitions par des officiers de l'armée dominicaine.

Le général Cantave dut, cette fois, s'avouer vaincu. Il avait bien endossé la responsabilité de la perte de plusieurs vies humaines sans concrétiser ses rêves. La frontière haïtiano-dominicaine franchie, il fut mis en état d'arrestation et placé en détention au quartier général de l'armée dominicaine. Le glas avait sonné sa totale déchéance, son humiliation, sa mort politique.

Bernard Diederich constate :

« *Le général Cantave portait physiquement le poids de l'échec, la mine défaite, les épaules basses dans son uniforme trempé de sang. Quinze de ses hommes n'étaient pas rentrés. Treize furent tués au combat... Dans la suite, il fut placé en état d'arrestation.* » (*Op. cit.*, pp. 217, 218)

Qu'est-ce qui explique la débâcle du général Cantave ?

L'écrivain et homme politique Gérard Pierre-Charles a tenté d'éclaircir ce point par une judicieuse analyse :

« *En République Dominicaine,* écrit-il, *des milliers de réfugiés haïtiens, appelés péjorativement "congos" constituaient pour les politiciens en exil une masse susceptible d'être utilisée. Ces politiciens purent donc installer des camps où de jeunes fiers-à-bras et un bon nombre de "congos" commençaient à être entraînés au maniement des armes par quelques anciens officiers haïtiens. Le général Cantave put ainsi réaliser trois invasions du territoire haïtien, deux en août 1963 et une troisième en septembre 1963. Le père Jean-Baptiste Georges et monsieur Pierre Rigaud figurèrent comme représentants civils des forces d'invasion.*

Cantave disposait à chaque fois d'arrières sûrs, d'armes et de munitions en abondance, d'un grand nombre d'anciens officiers de l'armée, au sein de laquelle ces derniers maintenaient des contacts conspiratifs (?). *De plus, il jouissait d'un grand prestige comme ex-chef d'état-major. Pourtant, ses trois expéditions se terminèrent en défaites piteuses.*

De nombreux facteurs expliquent ces échecs : infiltration d'agents duvaliéristes, trahison de certains officiers dominicains... Mais, cette fois encore, se manifestait surtout l'incapacité politique de cette opposition. Les anciens officiers ne se battirent point : ils manquaient de suffisante motivation. Les "congos", mercenaires bon marché, utilisés comme chair à canon, trompés et abusés, ne pouvaient que se sentir en marge de toute cette affaire. » (*Radiographie d'une Dictature*, p.138.)

En outre, l'attaque de la caserne de Ouanaminthe faillit engendrer un grave incident diplomatique à cause d'un obus de mortier tiré par les troupes haïtiennes qui avait atteint les clochers de l'église de Dajabon. De plus, « *la façade des douanes dominicaines avait été aussi touchée par des balles, ainsi que le bâtiment d'une école. À cause de cela, la rumeur se répandit que la ville était attaquée par l'armée de Duvalier et les dépêches sortant de Santo Domingo faisaient croire que la ville était soumise à un bombardement par l'armée haïtienne.* » (Bernard Diederich, *op. cit.*, p.217)

Le fait énoncé a été heureusement élucidé quand les enquêtes rapidement menées avaient révélé qu'il s'agissait effectivement d'impacts des tirs effectués par les troupes haïtiennes, poursuivant des assaillants en fuite se dirigeant vers la frontière haïtiano-dominicaine mais qu'il n'y avait aucune volonté de belligérance de la part de l'armée haïtienne. Toutefois, cet événement tout-à-fait fortuit avait servi de prétexte aux militaires dominicains pour renverser le président Juan Bosch du pouvoir.

En effet, au mois d'avril 1963, donc cinq (5) mois avant cet incident de Dajabon, le président Bosch, suite à une supposée violation du local de l'Ambassade dominicaine à Port-au-Prince, avait ordonné à l'armée dominicaine de mobiliser des troupes sur la frontière. Cependant, les dirigeants militaires dominicains, voyant d'un mauvais œil l'idée d'entrer en guerre, sans un motif valable, avec la République d'Haïti, avaient opposé un refus technique au chef de l'État :

« *Les généraux dominicains, manipulés sans aucun doute,* écrit à ce propos Gérard Pierre-Charles, *refusèrent de marcher sur la frontière haïtienne lorsqu'ils en reçurent l'ordre, sous prétexte que les camions de l'armée manquaient de jantes de réserve et étaient inutilisables.* » (*Op. cit.*, pp. 110, 111)

Trois (3) jours après cette attaque de Ouanaminthe par les troupes de Cantave et ses effets nocifs sur la ville de Dajabon, l'armée dominicaine avait renversé le président Juan Bosch du pouvoir. Le communiqué daté du 25 septembre 1963 de la Junte civile qui avait pris les rênes du pouvoir, fit précisément une allusion non dissimulée à cet incident en dénonçant, en guise de justification du coup d'État, « "*la situation chaotique" créée par l'incapacité du gouvernement Bosch et* ***son penchant à s'engager, de façon improvisée, dans des conflits internationaux dangereux***. » (Bernard Diederich, *op. cit.*, p. 219)

Le président Bosch lui-même, très amer, avait promis, en 1969, de faire la lumière sur cette question dans son prochain livre à publier.

Voilà ce que l'ancien chef d'État dominicain écrit en prologue d'un ouvrage publié par le leader Gérard Pierre- Charles :

« *Comme dans ce livre, il est question de moi à plusieurs reprises, et cela à cause des crises répétées sous le gouvernement Duvalier dans lesquelles se vit impliquée la République Dominicaine en 1963, il faudrait que je raconte maintenant comment le Pentagone organisa l'invasion du général Léon Cantave qui partit pour Haïti de la base nord-américaine de Ramey, à Porto-Rico, et entra à Saint-Domingue à mon insu, donc sans mon autorisation, avec l'aide des chefs militaires dominicains exécutant les ordres de la mission militaire yankee à Saint-Domingue ; et il faudrait que je raconte aussi comment cette mission militaire profita de la conjoncture de la défaite de Cantave en Haïti pour déclencher le coup d'État de 1963 contre le gouvernement que je présidais.* » (*Radiographie d'une dictature, Haïti et Duvalier*, p. xii)

Un fait historique que je signale à cause de la stature de son acteur, un autre citoyen dont les actions guerrières sont rapportées dans cet ouvrage, fut le comportement de M. Fred Baptiste, l'un des chefs de groupe de Cantave, dans la bataille livrée à Ouanaminthe. La retraite ordonnée par le général, ce rebelle, Fred Baptiste, ignorant l'ordre militaire donné, avait continué à lutter, à combattre vaillamment dans la ville de Ouanaminthe. Ce ne fut que très tard dans l'après-midi, à la tête des belligérants de son groupe encore vivants, certains d'entre eux, blessés, estropiés, qu'il battit en retraite. Il avait alors constaté qu'il était seul à se battre encore sur le terrain, tous les autres assaillants étant déjà partis, en fuite ou considérés comme déserteurs.

Paul Arcelin, un ami proche de Fred Baptiste, confirme le fait rapporté : « *Fred Baptiste fut le héros de cette bataille. Il combattit jusqu'à très tard dans l'après-midi. Blessé, il devait rejoindre plus loin ses infortunés compagnons d'armes.* » (*Op. cit.*, p. 134)

Ce même Fred Baptiste, neuf (9) mois plus tard, en juin 1964, à partir de cette même République Dominicaine, allait se retrouver comme le commandant en chef d'une autre aventure : L'invasion du Sud-Est d'Haïti avec toujours pour objectif le renversement du gouvernement du président François Duvalier.

F.- L'INVASION DE FRED BAPTISTE

Fred Baptiste a vécu l'expérience militaire du général Léon Cantave, en tous points décevante ; à présent, il se morfondait à Santo Domingo : son groupement ou parti politique, le *Front de Libération des Haïtiens Libres* (F.L.H.L.), battait de l'aile, vivotait dans la pénurie. Mais au début de 1964, l'arrivée providentielle et la dynamique présence du père Jean-Baptiste Georges allaient donner un nouveau souffle à son organisation politique à caractère révolutionnaire. Son contact et ses entretiens fructueux avec le généreux et intéressé prélat lui permirent de bénéficier d'un support logistique inestimable de la part des manitous de l'opposition en exil : armes, munitions, financement, conseils, entraînement, etc.

Confiant en son étoile, l'entreprenant Fred Baptiste avait décidé de se lancer, avant longtemps, dans une action d'éclat en Haïti. Dans ce dessein, il s'empressa de donner à son organisation politique le nom suggestif de *Forces Armées Révolutionnaires Haïtiennes* (F.A.R.H.) et d'intégrer à sa direction d'importantes, influentes, respectées et honnêtes personnalités du monde politique exilées en Amérique du Nord. Paul Arcelin nous renseigne :

« *Un comité politico-militaire,* rapporte Paul Arcelin, *avait été nommé à la tête des F.A.R.H., dont le père Georges, l'ex-ambassadeur Pierre Rigaud, autre personnalité importante du monde politique de l'époque, Paul Arcelin, Gérard Lafontant et Fred Baptiste.* » (*Cercueil sous le Bras*, p. 156)

Au mois de juin 1964, Fred Baptiste annonça que les F.A.R.H. étaient prêtes pour une nouvelle invasion d'Haïti. Mais cette fois-ci, au lieu de traverser la frontière à pied, il choisit de débarquer sa troupe de rebelles sur les côtes du Sud-Est pour être sûr d'entrer à l'intérieur des terres sans coup férir.

Donc, il fallait de toute urgence un bateau pour transporter en Haïti les soldats des *Forces Armées Révolutionnaires Haïtiennes*, concrétiser le plan proposé et adopté par le comité politico-militaire. Des démarches furent entreprises à cette fin, et un bateau fut affrété.

Paul Arcelin dévoile :

« *Un capitaine de bateau faisant le trajet Saint-Domingue-Port-au-Prince-Miami, nous met en contact avec un armateur dominicain qui accepte de nous conduire en Haïti. Il nous propose la location de son bateau pour huit mille dollars. Un de nos amis avance mille dollars, somme qu'il a pu obtenir en donnant sa petite voiture en gage d'un emprunt. La différence est fournie par un bon de la révolution, signé de Lafontant et accepté par le capitaine du bateau.* » (*Cercueil sous le Bras*, p. 165)

Le reçu signé pour la location du navire :

« *Miami, Fla, U.S.A. May 26, 1964. Por medio del presente, certificado haber recibido la suma de US $.1,000.00 (mil dolares) de parte del Señor Lafontant por concepto y como avance del arrendamiento del barco pesquero, para un mes de arrendamiento.*

Suma en total a pagar : US$. 8.000.00 dolares.

Dueno.

Jop Cristopher. »

Traduction : Par le présent, je certifie avoir reçu de monsieur Lafontant la somme de US. 1,000.00 (Mille dollars) comme avance pour la location du bateau de pêche, pour la durée d'un mois de location.

Montant total à payer : US $.8,000.00 dollars.

Propriétaire

Job Cristopher

(Voir copie de ce reçu, sous la rubrique "Illustrations")

Le problème du transport des combattants résolu, après quelques conciliabules avec ses commanditaires, Fred Baptiste fixa le Jour J : 28 juin 1964, la date de l'opération.

Le bateau affrété, le 28 juin, dans la soirée, les membres du commandement des F.A.R.H., desquels Jean-Baptiste Georges, Paul

Arcelin et Pierre Rigaud, étaient réunis chez ce dernier pour un vin d'honneur avant le départ. Puis, le groupe forma un cortège pour se rendre au point d'embarquement. Vers minuit, vingt-neuf (29) combattants, sous le commandement de Fred Baptiste assisté de son ami Gérard Lafontant, avaient pris place à bord du navire affrété, « le *Johnny Express* », cap sur le Sud-Est d'Haïti.

Paul Arcelin en donne quelques détails :

« *Après un discours de circonstance du père Georges, les révolutionnaires prirent place dans une camionnette suivie de quelques voitures. On lisait sur chaque visage la gravité du moment. Les regards étaient lourds d'interrogations. Chaque guérillero portait l'assurance qu'il allait revivre les heures les plus exaltantes de l'Histoire d'Haïti...*

Soudain, le Maestro (Gérard Lafontant) *ordonna au chauffeur d'arrêter. Celui-ci ralentit et mit les freins. Fred descendit le premier et prend le commandement :*

- Descendez ! Éteignez les cigarettes ! Personne ne fume !

- Couchez-vous et attendez !

La nuit était d'encre...

Après deux heures d'attente..., dans la dense obscurité, jaillit, venant de la mer, une lueur bleuâtre... le bateau s'approcha lentement du rivage. Il s'immobilise et détacha deux canots de sauvetage pour venir nous chercher. Ça y est. L'heure H avait sonné !

10 heures 35, le dernier groupe était déjà à bord du bateau. L'embarquement avait duré 20 minutes. La mer était calme. La lune qui perçait de temps à autre les nuages, éclairait le pont.

Trente minutes plus tard, toute lumière éteinte, le bateau s'éloignait des côtes dominicaines, transportant le premier contingent des troupes des Forces Armées Révolutionnaires Haïtiennes (F.A.R.H.) vers la terre natale. » (*Op. cit.*, pp. 176-179)

Le 30 juin, à 9 heures, Fred Baptiste et sa troupe étaient arrivés au rivage de « Lagon des Huîtres », section rurale de Bellanse, une ville du Sud-Est du pays. Ce jour-là, la mer était totalement démontée.

Non sans peine, le bateau put s'approcher du rivage et ainsi débuta le débarquement dans les pires conditions. La mer était tellement en furie que deux (2) combattants perdirent la vie en essayant de toucher la côte. Un très mauvais début pour le groupe, d'autant plus qu'à l'appel nominal, après le débarquement, le commandant Baptiste avait constaté que deux (2) autres membres du groupe s'étaient évanouis dans la nature, avaient fait défection. La troupe d'invasion se trouvait donc réduite à vingt-cinq (25) combattants. Le moral était ébranlé, les pronostics s'annonçaient très inquiétants.

Toutefois, au point de vue militaire, le groupe des envahisseurs n'était pas confronté à de sérieuses difficultés : l'avant-poste de l'armée d'Haïti à Lagon des Huîtres n'était gardé que par un seul soldat, lequel, en apprenant la nouvelle du débarquement des rebelles, s'était empressé de se rendre au quartier-général du district militaire de Thiotte aux fins de faire son rapport sur l'événement.

Lagon des Huîtres franchi, les rebelles qui se faisaient appeler « Camoquins », prirent la direction du village de Mapou.

Arrivé dans ce bourg, Fred Baptiste fut informé par les paysans qu'un détachement de soldats réguliers était lancé à leur poursuite. Il décida alors de leur tendre une embuscade. Voici, tel que rapporté dans son journal, le récit des résultats de cette action.

« Nous avancions à visière levée. C'est alors qu'un paysan vint nous prévenir que des soldats du gouvernement lancés à notre poursuite se rapprochaient de l'endroit où nous nous trouvions. Nous décidâmes de les annihiler. Ils tombèrent dans l'embuscade que nous leur avions tendue. Le succès fut total. Le lieutenant Célestin et les gendarmes qu'il commandait furent faits prisonniers, sans coup férir. Ils étaient une trentaine. Fred cria :

« Les deux mains sur la tête ! Face contre terre ! »

Ils obéirent prestement. Pendant que nous les désarmions, le lieutenant Célestin essaya de dégainer son pistolet. Prompt comme l'éclair, un de nos camarades, Ascencio, le frappa de la crosse de son fusil. Dans l'échauffourée, une balle partit, qui rata de près notre commandant en second, Gérard Lafontant. Pris de rage, Fred Baptiste passa le lieutenant Célestin en jugement, séance tenante. La mort ! Tel fut le verdict unanime des juges, puisqu'il fallait susciter une certaine crainte, un certain respect, parmi nos agresseurs. J'en ai relâché, par la suite, une bonne vingtaine et gardé les autres pour nous servir de portefaix.

Lors d'accrochages ultérieurs au cours desquels des troupes gouvernementales trouvèrent la mort sous nos balles, ces prisonniers qui avaient fait semblant de se rallier à notre groupe, profitèrent des moments d'agitation des combats pour prendre le large.

Nos troupes rebelles occupèrent victorieusement le village de Mapou » (*Op. cit.*, pp. 188, 189)

Ainsi, les rebelles de Fred Baptiste avaient remporté leur première victoire : le village de Mapou était occupé. Premier succès de leur audacieuse entreprise. Maîtres incontestés de la situation, ils pénétrèrent cette communauté rurale en grande pompe et se posèrent en justiciers venus réparer les torts prétendument faits à la population. Leur première victime fut une dame, une commerçante de la place, qui avait commis le « péché mortel » d'être une "duvaliériste".

Lisez le compte rendu suivant de Bernard Diederich :

« *Quand le groupe de Fred avait atteint le village de Mapou, ..., ils occupèrent le magasin du village et distribuèrent à la population tout ce qu'il contenait. Ils se saisirent des papiers de reconnaissance de dettes et les brûlèrent solennellement devant les paysans attroupés. La propriétaire du magasin. Mme Bernadotte, fut accusée d'être une "Duvaliériste". Elle fut abattue par un des Camoquins.* » (*Op. cit.*, pp. 247, 248)

La malheureuse, humble et honnête citoyenne fut maltraitée puis passée par les armes après un simulacre de jugement d'un tribunal populaire composé des membres du groupe, qui l'avait condamnée à la peine de mort. Les fonds de son commerce furent livrés à la population.

Fred Baptiste raconte les faits dans son journal personnel :

« *Dès l'occupation du village de Mapou,* écrit-il dans son journal, *je m'étais informé du nom du commandant de la milice duvaliériste. Les paysans qui s'étaient vite rassemblés autour de nous en chantant et en dansant "Vive la révolution", nous conduisirent à la boutique de Mme Bernadotte. J'ordonnai son arrestation sous les applaudissements de la foule. Un tribunal, rapidement institué, la passa en jugement. Les paysans furent catégoriques dans leurs dépositions. Le verdict du tribunal fut sans appel : La mort !*

Nous distribuâmes les marchandises de la boutique. Les terres furent remises à leurs propriétaires. Tous les papiers compromettants les villageois furent brûlés. Cet acte de révolutionnaire avait été grandement apprécié » (Paul Arcelin, *Cercueil sous le Bras*, pp. 190, 181)

Toutefois, l'exécution sommaire de Mme Bernadotte avait provoqué une fissure au sein du groupe. *« Tout le monde n'était pas d'accord avec les exécutions de Mapou. À l'intérieur du groupe, des clans du type régionaliste commençaient à se disputer entre eux,* nous informe Bernard Diederich. » (O*p. cit.*, p. 248)

Bientôt arrivaient dans la zone de fraîches troupes de l'Armée. Cependant, il n'y eut plus de vrais combats. Les rebelles avaient gagné les montagnes ; les soldats réguliers ne s'y étaient pas aventurés pour les poursuivre. Sachant que la zone où les rebelles s'étaient engagés était aride, dépourvue de nourriture et d'eau, la force publique s'était contentée d'occuper militairement le village de Mapou, d'y exercer un contrôle des marchés publics, de bloquer toute tentative de les ravitailler, de leur couper tout contact avec la population, de les isoler, une stratégie qui n'avait pas tardé à apporter de bons résultats.

Le Colonel Heinl décrit un panorama assez conforme de cette invasion. Lisez :

« *En juin ou juillet 1964, le père Georges, en rapport avec certaines autorités dominicaines et aussi avec son compatriote, prêtre anti-duvaliériste, le père Gérard Bissainthe, a pu organiser, former, armer et faire débarquer un groupe de guérilla formé de jeunes élites et de certains anciens membres des F.A.D'H. Se faisant appeler Camoquins, ils sont entrés en Haïti par bateau sur la plage de Lagon des Huîtres située à l'est de Saltrou (Bellanse). Le groupe des Camoquins, fort de vingt-cinq hommes, était dirigé sur le terrain par le capitaine Fred Baptiste, l'un des meilleurs officiers qui avaient servi sous les ordres de Cantave l'année précédente. Investissant la Forêt des Pins et l'abrupte Morne la Selle, les Camoquins avaient facilement esquivé et souvent pris en embuscade des détachements de membres des F.A.D'H. et de la Milice lancés à leur poursuite, et avaient pu s'attirer la sympathie des paysans en capturant et en exécutant des Tontons Macoutes de la campagne.*

Mais les Camoquins devaient être finalement forcés de retourner en République Dominicaine abandonnant une région qui avait abrité tant de marrons deux siècles plus tôt, parce que les habitants, réduits à la famine et très pauvres, ne pouvaient pas les nourrir, et que les sources d'eau qui sortaient des pentes fortement érodées par l'ouragan Flora, n'existaient presque plus. Une autre raison tout aussi importante à mentionner, c'est que les armes expédiées de New York par contrebande aux Camoquins ont été interceptées en République Dominicaine par une cellule communiste haïtienne. » (Colonel Robert D. Heinl, *op. cit.*, pp. 579, 580)

De son côté, le gouvernement haïtien avait déclenché une offensive diplomatique tous azimuts pour dénoncer cette invasion. Le 3 juillet 1964, la République d'Haïti, en effet, avait accusé la République Dominicaine devant le Conseil de Sécurité des Nations Unies à propos de ce débarquement effectué dans le Sud-Est du pays.

« Les forces qui ont effectué cette invasion, disait la note haïtienne adressée au Conseil de Sécurité des Nations Unies, *sont composées de Dominicains et d'Haïtiens qui ont débarqué le 29 juin 1964 à Lagon des Huîtres, section rurale de la commune de Bellanse (Saltrou), et ont pris la direction de la montagne, armés d'armes automatiques, de grenades, de radios de communication et*

d'une grande quantité de munitions. » (Bernard Diederich, *op. cit.*, p. 245)

Les Nations-Unis avaient évalué la situation, considéré le problème et soumis le litige au gouvernement de la République Dominicaine pour son opinion.

Entre-temps, des contacts avaient été établis entre l'organisation *Jeune Haïti* basée à New York et le groupe des F.A.R.H. déjà en pleine campagne dans le Sud-Est d'Haïti. Ces contacts furent initiés d ; abord par téléphone.

Paul Arcelin écrit à ce sujet :

« Géto Brière, leader du mouvement "Jeune Haïti", basé à New York, téléphona à Paul Arcelin, représentant militaire des F.A.R.H. à Santo Domingo. Il fut décidé que Jacques Wadestrandt, envoyé spécial de l'organisation haïtienne de New York, prît immédiatement l'avion afin d'entamer des pourparlers. » (*Op., cit.,* p.203)

Cette conversation téléphonique fut entérinée par une lettre datée du 12 juillet 1964 expédiée par Gérald Brière à Paul Arcelin, dont voici la teneur :

« JEUNE HAITI

P.O. Box 677 Ansonia Station, New York, N.Y.

Téléphone EN2-2498

12 juillet 1964

Mon cher Paul,

Le coup d'audace révolutionnaire des Baptiste (Fred et Rénel) *et de Gérard* (Lafontant) *a électrifié l'exilât haïtien de la Diaspora et fait briller une flamme d'espoir qui s'éteignait...*

Maintenant, il s'agit de battre le fer jusqu'à la victoire décisive, et nous, de Jeune Haïti, sommes en préparation pour joindre nos forces et nos moyens aux efforts des lutteurs de la Résistance Haïtienne...

Nous t'envoyons Jacques Wadestrandt qui discutera avec toi de nos besoins, de nos possibilités et de toute possibilité d'entente ou d'union...

Samedi 4 juillet, je t'ai appelé au téléphone, n'ayant pu te contacter, j'ai eu la chance d'avoir Georges, le "padre", au bout du fil. Il m'a dit qu'il serait très bientôt à New York ; je l'attends encore.

La lettre au N. Y. Times a été immédiatement envoyée à l'éditeur de ce journal, et des copies ont été distribuées dans la colonie haïtienne d'ici...

Fais donc confiance à Jacques Wadestrandt. À bientôt Paul, à Santo Domingo ou en Haïti.

Salut en la nouvelle génération.

Géto Brière

P. S.- Nous ne sommes plus à l'Hôtel Henry Hudson, mais bien à : 31110, 71st St.

New York, N. Y, (Apt 2B).

INSTRUCTION + TRAVAIL = LIBERTÉ »

(*Cercueil sous le Bras*, p. 194) - Voir copie de la lettre à la rubrique "Illustrations".

Effectivement, M. Jacques Wadestrandt fit le voyage à Santo Domingo, muni de la susdite lettre qu'il remit au représentant militaire des F.A.R.H. à Santo Domingo, M. Paul Arcelin. Les négociations, ouvertes immédiatement, aboutirent à des résultats concrets dont l'établissement d'un front commun dans le Sud-Est d'Haïti pour lutter contre le pouvoir de François Duvalier.

Voici ce que rapporte Paul Arcelin, cosignataire du document, à ce sujet :

« Après une journée de discussions sur la situation politico-militaire et l'éclaircissement de certains détails, on aboutit à un accord total.

Jeune Haïti, qui jouissait de l'appui secret d'un secteur du gouvernement Kennedy, acceptait, ce jour-là, le principe de constituer une force militaire commune. Le père Georges, en mission aux Etats-Unis, s'arrangea alors pour que le bateau qui avait débarqué les troupes des F.A.R.H. en Haïti, fasse de même pour les guérilleros de l'organisation new yorkaise, qui, selon l'accord Wadestrandt-Arcelin, devraient aller renforcer le front du Sud-Est. » (Paul Arcelin, *op. cit.*, pp. 203, 204)

Paradoxalement, quelques jours après la signature de cet accord, le commandant Fred Baptiste, en butte à d'insurmontables difficultés pour maintenir sa troupe en opération dans le Sud-Est d'Haïti, avait décidé d'abandonner la lutte. Il avait estimé qu'il ne lui était plus possible de continuer à combattre, se trouvant dans l'impossibilité de nourrir ses hommes. La montagne au climat aride ne leur fournissait pas d'eau pour se désaltérer. Le 21 juillet 1964, la décision fut prise par Fred Baptiste de retourner en République

Dominicaine pour ne pas exposer ses hommes à mourir d'inanition.

Bernard Diederich nous en fait cette relation :

« *Le 21 juillet 1964, le groupe se retrouvait au bord de la frontière dominicaine. Vu le manque de nourriture et l'épuisement des hommes, Fred voulait retraverser en République Dominicaine, contrairement à Gérard Lafontant qui insistait pour repasser à l'offensive. Lafontant se retrouva en minorité avec quatre membres du groupe. Ils furent alors désarmés pour ce que Fred considérait être un acte de mutinerie....*

Après avoir enfoui leurs armes, le groupe de rebelles, faméliques et malades, retraversa en République Dominicaine. Repérés par une patrouille, ils furent transférés à la forteresse militaire de Neyba, au bord du lac Enriquillo. » (*Op. cit.*, pp. 248, 249)

C'était la fin de la lutte armée engagée par Fred Baptiste dans le Sud-Est d'Haïti. Son entreprise s'était soldée par un échec humiliant. Dès lors, l'accord *Jeune-Haïti* - F.A.R.H. pour « le renforcement du front du Sud-Est » ne tenait plus. En outre, Jacques Wadestrand, imbu des exactions commises par les hommes du F.A.R.H. à Thiotte, avait conseillé au groupe de ne pas honorer l'accord : « *Nous ne pouvons utiliser les mêmes méthodes que ceux que nous combattons. Nous ne devons pas nous abaisser à leur niveau* », avait-il déclaré à la réunion pour le choix du site à investir. (Ralph Allen, Tombés au Champ d'Honneur, p. 88)

Géto Brière avait, en vain, combattu ces réticences en déclarant : « *Si nous ne venons pas en aide aux Kamoken, demain comment pourrons-nous nous regarder dans un miroir et nous dire que nous sommes des hommes ?* » (Ralph Allen, op. cit., p. 89)

Mais, avec le retrait de Fred Baptiste, ses scrupules avaient disparu. Le 5 août 1964, *Jeune Haïti* faisait débarquer ses troupes sur les côtes de la Grand'Anse.

Avant de considérer l'entrée des valeureux combattants de *Jeune Haïti* sur le théâtre des opérations, il est utile de rappeler que les invasions armées pour renverser des chefs d'État en Haïti ne constituent pas des faits historiques propres à la période 1958-1964. Ce phénomène a débuté en l'année 1876 avec le débarquement de Boisrond Canal, à la tête d'une vingtaine d'exilés, à Saltrou devenu Bellanse (quelle coïncidence !), aux fins de renverser le président Michel Domingue. Il s'est renouvelé en 1883, sous la présidence de Lysius Félicité Salomon Jeune, avec le débarquement à Miragoâne du leader du parti Libéral, Boyer Bazelais, accompagné de 92 partisans fanatisés.

Pour permettre aux uns et aux autres de mieux appréhender le phénomène étudié, laissez-moi vous informer sur ces deux (2) événements historiques non approfondis en classes secondaires et à l'université d'Haïti.

G.- LES DÉBARQUEMENTS DE BOISROND CANAL

Au mois de février 1876, le général Louis Tanis, commandant de l'Arrondissement de Jacmel, avait envisagé la possibilité de lever l'étendard de la révolte en vue de renverser le gouvernement du tandem Michel Domingue-Septimus Rameau. Plus actif et disposant aussi de beaucoup de moyens, Boisrond Canal, alors en exil à Kingston, mis au courant du fait, décida, sans demander son avis au général Tanis, d'organiser un débarquement armé à Jacmel en vue de participer au mouvement d'insurrection. Grâce au financement d'un négociant, moyennant certains engagements, il avait pu se procurer les armes et munitions nécessaires qu'il avait expédiées à Louis Tanis à bord d'un navire, *l'Octavia*, se réservant de débarquer avec des hommes à Jacmel dès que le matériel militaire serait sur place.

Coup de théâtre : À l'arrivée du bateau, Louis Tanis opposa un refus catégorique à l'offre faite par Boisrond Canal. Il n'accepta point de recevoir la cargaison arguant « qu'il n'était pas prêt à prendre les armes contre le gouvernement ». Il adressa même un rapport circonstancié au gouvernement dans lequel il dénonça la présence de *l'Octavia* dans la rade de Jacmel.

Voici les faits tels que rapportés par l'écrivain Antoine Michel :

« *L'Octavia, ayant à son bord cinq délégués, partit avec les armes et les munitions. À l'arrivée du navire, le 25 février, dans la rade de Jacmel, Louis Tanis refusa de prendre les armes. Il empêcha même toute communication avec le bateau... Louis Tanis déclara le navire suspect et demanda au consul Anglais d'accepter à faire, avec les autorités constituées, une visite à bord de l'Octavia.* » (*Salomon Jeune et l'Affaire Louis Tanis*, p. 11)

De son côté, pensant que tout s'était déroulé comme il l'avait prévu, Boisrond Canal se présenta, le 26 février, à la tête de 36 exilés, à bord du *Royal-Mail*, en vue de mettre son projet de débarquer à exécution, de déclencher à Jacmel, conjointement avec le général Tanis, la rébellion contre le gouvernement Domingue-Rameau. Bien que mis devant le fait accompli, Tanis refusa toujours d'emboîter le pas et Boisrond Canal dut, avec ses hommes, rebrousser chemin.

« *Malgré toutes les démarches qu'on fit près de lui,* rapporte Antoine Michel, *Tanis persista dans sa résolution de ne pas prendre les armes. Les exilés durent abandonner l'exécution de leur projet, et, à bord des deux bateaux, partirent pour St. Thomas.* » (*Op. cit.*, p. 11)

À la réception du rapport concernant la présence de *l'Octavia* dans la rade de Jacmel, Septimus Rameau, vice-président du gouvernement, fit parvenir au général Louis Tanis une dépêche dans laquelle il lui ordonna de procéder, en sa qualité de commandant d'Arrondissement, à l'arrestation des suspects dans cette affaire. Cependant, au lieu de donner suite à cet ordre, Louis Tanis se vit obligé à ce moment-là d'entrer ouvertement en rébellion.

L'écrivain Antoine Michel rapporte ainsi les motifs qui expliquent la décision du général Louis Tanis de ne pas prendre livraison de la cargaison d'armes expédiée par Boisrond Canal et sa réaction face aux injonctions du vice-président Septimus Rameau :

« *Louis Tanis, en faisant son rapport au gouvernement au sujet de la tentative de débarquement de Boisrond Canal à Jacmel, désirait surtout protéger la vie de ceux qui conspiraient avec lui. Mais par la dépêche de Septimus Rameau, il était mis dans la nécessité ou d'exécuter les ordres impératifs qu'on lui donnait, ou de prendre le parti des exilés. Feignant d'obéir aux injonctions de S. Rameau, il envoya des émissaires à Léogane recevoir les armes et les munitions qu'on lui avait expédiées. Et, le 7 mars, il proclama la Révolution à Jacmel.* » (*Op. cit.,* p.13)

Dès réception de la nouvelle que l'insurrection avait enfin éclaté à Jacmel, Boisrond Canal réunit rapidement une vingtaine d'exilés armés parmi lesquels son frère Canal Jeune, et quitta Kingston, le 12 mars, à bord du navire *La Thyra*, en direction d'Haïti, avec l'intention ferme de débarquer dans le pays en vue d'ouvrir un front de guerre contre le gouvernement Domingue-Rameau. Cette fois, il ne visa pas Jacmel mais, de préférence, Saltrou (aujourd'hui Bellanse), la ville que devait occuper Fred Baptiste en 1964.

L'écrivain Antoine Michel nous informe :

« *Boisrond Canal, accompagné de son frère Canal Jeune (connu aussi sous le nom de Petit Canal), Fontange Chevallier, Nathan Modé, Kerlegrand, Henri Brice, John Bonhomme, Calice Carrié, Numa Boze, Ténéus Suire, Alonzo Jacinthe, A. Sénécal, Loficial, Glézil Félix, Roche Fils, Phanor Fils, Chérilus Phanor, Fourcaut Fleuriau, Sénèque Momplaisir Pierre et Turenne Dérosier, quitta Kingston le 12 mars, à bord du bateau danois, la Thyra, pour aller porter concours à la révolution. Mais, poussé un peu plus par ambition de diriger seul le mouvement, au lieu de tenter son débarquement près de la ville de Jacmel, il le fit à Saltrou qui était encore en faveur du gouvernement.* » (*Op. cit.*, p. 14)

Arrivé en vue de Saltrou le 15 mars 1876, Boisrond Canal dépêcha un émissaire auprès du commandant d'arrondissement, le général Hilaire Rabel, pour lui faire part de son intention de débarquer avec quelques combattants en vue de supporter la révolution déclenchée contre le président Michel Domingue. En l'absence du général Rabel, le fils de ce dernier reçut l'émissaire, le mit en confiance et fit dire à Boisrond Canal qu'il pouvait débarquer ses hommes. Sur ces entrefaites, ce dernier dépêcha deux (2) canots qui amenèrent sur les côtes dix (10) de ses compagnons d'armes.

À peine avaient-ils fait pied à terre, ces dix (10) citoyens furent pris sous le feu nourri de la garnison de Saltrou et furent anéantis. Heureusement pour Boisrond Canal, il ne faisait pas partie de cette première vague. Au constat du massacre de ses frères d'armes, Boisrond Canal, dépité et meurtri, ne se sentant pas le cœur d'engager la lutte commencée de si mauvaise façon, fit demi-tour avec le restant de sa troupe et retourna à Kingston.

Antoine Michel renseigne :

« *À l'arrivée des exilés en vue des côtes, Sénécal fut envoyé en mission près du général Hilaire Rabel, commandant de l'Arrondissement de Saltrou. Il ne rencontra que le fils de ce général qui prétendit que son père était en tournée révolutionnaire. Ayant affirmé à Sénécal que tout l'Arrondissement était en armes et qu'on attendait le débarquement de Boisrond Canal, dix exilés prirent passage dans deux canots pour aller à terre. A peine y étaient-ils arrivés que des hommes placés en embuscade ouvrirent sur eux leur feu meurtrier. Ce fut horrible, ce fut monstrueux. Les exilés se défendirent comme ils pouvaient. Dans l'action, six d'entre eux reçurent la mort : Nathan Modé, A. Sénécal, Fourcaut Fleuriau, Phanor Fils dit Au Cap, Chérilus Phanor et Turenne Dérosier. Numa Boze fut fait prisonnier.*

Dans la soirée même de cette fameuse journée du 15 mars, la Thyra partit pour Kingston. » (*Op. cit.* p. 14)

Les deux (2) tentatives de débarquement armé de Boisrond Canal et de ses amis se révélèrent donc infructueuses. Le gouvernement Domingue, euphorique, avait même, de façon précipitée, commis l'erreur d'annoncer officiellement sa mort.

Lisez encore Antoine Michel :

« *Michel Domingue fit grand bruit autour de cette affaire. Il annonça dans une proclamation que Boisrond Canal ne se doutait pas "que le général Hilaire Rabel, officier d'honneur et de distinction, n'était pas de caractère à trahir." "Il n'a été possible, lisons-nous dans une note du Moniteur, de constater que l'identité des cadavres de Boisrond Canal et de son domestique (Turenne Dérosier), de Canal Fils, de Henri Brice.*

"Grâce aux soins des autres autorités locales, ils ont été inhumés sur la plage". » (*Op. cit.*, p. 15)

Bien entendu, cette fausse nouvelle a été vite démentie par Boisrond Canal dans un placard qu'il rendit publique à Kingston :

« *Michel Domingue, c'est pour vous prouver que je suis encore là, plein de vie, que je fais cet imprimé. C'est pour que vous n'en doutiez pas un seul instant que je le signe de ma main.* », lisait-on dans le placard affiché sur les murs à Kingston. (Antoine Michel, *op. cit.*, p. 15)

Toutefois, l'insurrection du général Louis Tanis avait gagné une bonne partie du pays, particulièrement tout le département du Nord qui, au début du mois d'avril, avait levé l'étendard de la révolte et mis sur pied le « Comité révolutionnaire du Nord ». Ce comité, à peine formé, dépêcha, le 4 avril, une délégation, à bord de la goélette anglaise *Charles,* en mission auprès de Boisrond Canal qui se trouvait encore à Kingston.

La communication reçue, Boisrond Canal affréta de suite le steamer anglais *Cuban* à bord duquel il prit place avec 62 autres exilés haïtiens, fit voile pour Cap-Haïtien où il arriva le vendredi saint, 14 avril 1876. Cependant, ces exilés n'eurent pas l'occasion de se mesurer avec les forces du gouvernement. Il s'agissait plus d'un retour au pays que d'un débarquement armé. C'en était déjà fait du tandem Domingue-Rameau. Le lendemain, 15 avril 1876. Septimus Rameau fut assassiné. Le président Michel Domingue, sous la protection de la légation française, eut la vie sauve et partit pour l'exil à la Jamaïque.

Trois (3) jours après la chute du président Michel Domingue, le comité révolutionnaire qui avait pris les rênes du pouvoir nomma Boisrond Canal « Général en chef des forces militaires et révolutionnaires de l'Arrondissement de Port-au-Prince », position privilégiée à partir de laquelle il devint, le 23 avril 1876, Membre du gouvernement Provisoire mis en place par le Comité.

Cependant, en cette année 1876, un schisme avait éclaté au sein du parti Libéral et avait divisé ce parti politique en deux (2) blocs farouchement opposés : les libéraux canalistes groupant les partisans de Boisrond Canal, et les libéraux bazelaisistes réunissant ceux de Boyer Bazelais, ce dernier potentiel candidat du Parti à la présidence d'Haïti.

Pour contrebalancer l'influence de Boyer Bazelais, leader de la classe dite bourgeoisie traditionnelle, le général Boisrond Canal, aspirant lui aussi au fauteuil présidentiel, s'était appuyé sur les Nationaux du leader Lysius Félicité Salomon Jeune.

Grâce à cette coalition, par le vote des députés du parti National, Boisrond Canal fut élu, aux dépens de Boyer Bazelais, Président de la République d'Haïti après une séance houleuse, voire tumultueuse, à la Chambre législative, le 17 juillet 1876. Cependant, ce dernier n'avait jamais accepté sa défaite aux urnes. Depuis lors, ses partisans avaient entretenu dans le pays une situation de troubles permanente qui s'était aggravée de jour en jour et avait atteint son point culminant au mois de juin 1879.

« *Le 20 juin 1879, à la suite d'une séance tumultueuse à la Chambre*, nous apprend J. C. Dorsainvil, *Boyer Bazelais, assisté de ses amis, se retrancha dans sa maison privée à la rue Pavée et défia le gouvernement. Une bataille de rues commença, dura plusieurs jours, fut accompagnée d'incendies, et se termina par la défaite des révoltés.* » (*Histoire d'Haïti*, *Cours Supérieur*, p. 262)

Vaincus, Boyer Bazelais et quelques-uns de ses partisans s'étaient exilés à la Jamaïque en ce même mois de juin 1879.

Malgré sa victoire, Boisrond Canal, jugeant la situation politique incertaine à cause des agitations des Bazelaisistes contre son gouvernement, avait résolu de démissionner de ses fonctions un mois plus tard, le 17 juillet 1879, soit un an avant le terme de son mandat. Un « *Comité Central de la Révolution* » avait pris place.

Bazelais profita de la démission de Boisrond Canal pour revenir au pays au mois d'août. Il s'établit avec ses amis aux Gonaïves toujours en gardant une attitude intransigeante et belliqueuse. Aussi, pourchassé par le gouvernement Hérissé-Lamothe installé par le *Comité Central de la Révolution*, dut-il reprendre le chemin de l'exil.

J. C. Dorsainvil explique :

« *Après le départ de Boisrond Canal, un comité central se forma à Port-au-Prince, d'où sortit, ce 17 juillet 1879, un gouvernement provisoire. C'est le gouvernement Hérissé-Lamothe. Revenus au pays, Bazelais et ses amis, inquiets de la tournure prise par "leur révolution", avaient établi leur camp aux Gonaïves dans les premiers jours du mois d'août. Battus par le général Hérissé, ils repartirent pour l'exil.* » (*Op. cit.*, p. 263)

Le gouvernement Hérissé-Lamothe réalisa, le 29 septembre 1879, les élections législatives qui consacrèrent la défaite définitive du camp des Libéraux. Cependant, ce gouvernement provisoire fut renversé, le 3 octobre 1879, par le général Richelieu Duperval qui mit en place un autre en vue de favoriser l'accession de Lysius Félicité Salomon à la présidence de la République.

J.C. Dorsainvil confirme :

« *Les élections du 29 septembre achevèrent la défaite politique des Libéraux. De plus en plus, Salomon passait au premier plan.*

D*ans la nuit du 2 au 3 octobre, un mouvement militaire exécuté par le général Richelieu Duperval balaya le gouvernement provisoire Hérissé-Lamothe et le remplaça par un autre dont le général Salomon fut l'âme. Trois semaines plus tard, Salomon, par un vote unanime de l'Assemblée Nationale, devint président de la République pour une période de sept ans (23 octobre).* » (*Op. cit.*, p. 263)

L'avènement de Salomon au pouvoir sonnait le glas des prétentions de Boyer Bazelais d'occuper le fauteuil présidentiel. En exil à la Jamaïque depuis le mois d'août 1879, il résolut de revenir au pays au mois de mars 1883, à la tête d'une force d'invasion composée d'exilés pour tenter de renverser le président Salomon et s'installer au pouvoir : c'est le débarquement de Miragoâne.

H.- LE DÉBARQUEMENT DE BOYER BAZELAIS

Un soir du 27 mars 1883, un contingent de 92 exilés politiques, armés de pied en cap, commandés par l'intransigeant leader Jean-Pierre Boyer Bazelais, venus de Kingston (Jamaïque) et d'Inague, à bord d'un navire affrété - *Le Tropic* -, débarqua à Source Salée, près de la ville de Miragoâne.

Le docteur Price Mars renseigne :

« *Le 27 mars 1883, un bateau affrété, "le Tropic" venu de Kingston et d'Inague avec un contingent de 92 hommes, tous des exilés auxquels s'étaient joints deux partisans recueillis au large du Canal de la Gonâve, débarqua sa cargaison d'hommes à Miragoâne. Ces conquérants enlevèrent la ville avec une facilité prodigieuse, les gardiens de la cité ayant abandonné leurs postes sans coup férir.* » (*Jean-Pierre Boyer Bazelais et le Drame de Miragoâne*, p. 35)

La mission des envahisseurs comprenait deux (2) étapes :

« 1- Occuper Miragoâne et se servir de cette place comme point de départ pour foncer sur la capitale, siège du gouvernement.

2- Renverser, par tous les moyens, du pouvoir le président Lysius Félicité Salomon et le remplacer par Boyer Bazelais, le chef historique de l'invasion armée. »

Qu'est-ce qui avait servi de prétexte pour motiver cette initiative antidémocratique du prétendu démocrate Boyer Bazelais, l'un des chefs du parti Libéral, à cette époque ?

En l'année 1882, à la suite d'un mouvement insurrectionnel des libéraux de la ville de Saint-Marc, le président Salomon avait fait procéder à l'arrestation et l'emprisonnement d'un bon nombre d'entre eux avant qu'un tribunal militaire prononçât plusieurs condamnations à la peine capitale. Suite à ce verdict de culpabilité et en application de la sentence prononcée par le tribunal, quatorze (14) exécutions capitales eurent lieu à Saint-Marc et autant aux

Gonaïves. « *Cette sévérité dans la répression de cette insurrection avait produit un véritable malaise dans le pays* », écrit J. C. Dorsainvil. (*Op. cit.*, p. 264)

Profitant de la réprobation générale provoquée par les exécutions des Libéraux de Saint-Marc et des Gonaïves, Boyer Bazelais avait pris la résolution de débarquer à Miragoâne pour renverser le gouvernement de Salomon. Il avait la certitude que le reste du pays suivrait sa fortune politique aussitôt la nouvelle répandue qu'il avait érigé dans cette ville un mouvement révolutionnaire armé contre le gouvernement du président Salomon.

Débarqués le 23 mars 1883 à Miragoâne, les envahisseurs s'empressèrent d'organiser un noyau de gouvernement. Ils nommèrent un « *Comité Central de la Révolution* », dont Boyer Bazelais prit la direction en qualité de « *Chef d'Exécution et Président du Comité Central* ». Ledit Comité, une fois installé, prit, le 27 mars, une résolution pour destituer le président Lysius Félicité Salomon.

L'Acte de déchéance spécifiait en ses articles 1 et 2 :

« *Article 1er. - Louis Etienne Félicité Salomon est déclaré déchu de la haute fonction de Premier Magistrat de la République et placé sous la mainmise de la Justice pour rendre à la Nation compte de ses méfaits.*

Article 2.- Les fonctionnaires et employés civils et militaires, les agents de la force publique sont déliés de toute obéissance aux ordres qui pourront émaner dudit Lysius Félicité Salomon. » (*Op. cit.*, p. 39)

S'appuyant fortement sur les exécutions de Saint-Marc et des

Gonaïves pour justifier cette décision, les motifs supportant la résolution rappelaient, entre autres, ce qui suit :

« *En faisant contre des citoyens l'application de la peine capitale en matière politique avant que les jugements, manifestement illégaux et inconstitutionnels, rendus contre eux par des tribunaux sans mandat légal, eussent acquis l'autorité de la chose jugée, et en dépit du pourvoi en cassation des condamnés.* » (Dr Price Mars, *op. cit.*, p. 38)

Le premier volet de la mission avait été réalisé avec succès. Quant au second, cette résolution une fois promulguée, une lutte implacable allait être menée pour le matérialiser, le concrétiser dans les faits.

Pour contrecarrer cet ambitieux projet de Boyer Bazelais, la première réaction du président Salomon fut d'ordonner à l'armée d'annihiler les envahisseurs.

Après deux (2) jours de combats féroces, les troupes du gouvernement n'avaient pu vaincre les rebelles. D'importantes pertes en vies humaines furent enregistrées, beaucoup plus, à la vérité, chez les gouvernementaux. Menant l'offensive, en effet, les militaires étaient obligés de se présenter à découvert pour tenter de prendre d'assaut la place, tandis que les rebelles, bien installés derrière les remparts, pouvaient se terrer dans leurs abris et prendre tout leur temps pour ajuster leur tir et décimer les soldats les plus hardis qui tentaient d'atteindre leurs positions.

La nouvelle des difficultés de l'armée pour déloger les rebelles et reprendre possession de la ville de Miragoâne fit rapidement tache d'huile. Le succès des résistants avait enhardi plus d'uns et engendré une vague de soulèvements dans plusieurs villes du pays. Les populations de Jacmel et de Jérémie, principalement, avaient adhéré au mouvement et levé, elles aussi, l'étendard de la révolte.

Face à cette critique situation, le gouvernement prit le parti d'isoler du reste du monde la ville occupée par les insurgés. Ainsi débuta le long siège de Miragoâne. « *Il (le président Salomon) ordonna et réalisa l'isolement du foyer d'incendie. Ses communications avec le reste du monde furent coupées. Des troupes venues de toutes parts prirent position autour de la ville de telle sorte que, quarante-huit heures après le débarquement des exilés à Miragoâne, la localité fut investie par terre et par mer. Le double plan stratégique et politique des insurgés avait fait faillite. Dès lors, il ne s'agissait plus que de se défendre contre l'anéantissement...*

Au surplus, trois bateaux du gouvernement, l'Egalité, le Bois de Chêne et l'Estère patrouillaient la baie et bientôt s'avancèrent jusque dans la rade pour canonner les positions des assiégés. La lutte s'annonçait meurtrière et sans issue. » (Dr. Price Mars, *op. cit.*, p. 46)

Le siège de la ville rebelle installé, les forces gouvernementales attaquèrent les envahisseurs de front, le 31 mars. Ce jour-là, les combats qui ont duré plus de trois heures, furent d'un acharnement sans mesure et se soldèrent de nouveau par une défaite des troupes de l'armée. Elles avaient perdu beaucoup d'hommes et n'avaient pas réussi à franchir les remparts des insurgés.

« *Les envahisseurs ont laissé sur le terrain des morts et aussi de nombreux blessés qu'ils n'ont pas réussi à emporter*, lira-t-on dans le bulletin signé de Boyer Bazelais et rendu public après la bataille. *De notre côté, nous n'avons eu dans la ville de Miragoâne ni morts, ni blessés et n'avons eu à déplorer dans le poste du Nord que la perte de deux braves dont l'un, le colonel Sorel, était des volontaires de la commune de Miragoâne. Sur le théâtre de la lutte ont été retrouvés, abandonnés par l'ennemi, un drapeau, des tambours, des fusils et des caisses de cartouches, des équipements militaires en quantité.* » (Dr. Price Mars, *op. cit.*, p. 49)

Néanmoins, Boyer Bazelais, très galamment, rendit, dans sa note, hommage au courage des soldats des troupes du gouvernement. Lisez une fraction du texte qu'il rendit public à l'occasion :

« *...Les assaillants ont déployé le courage habituel à l'Haïtien, mais il ne leur a manqué que la fermeté de la conviction qui animait les soldats de la révolte dans la défense de leur cause... Tous dans cette journée se sont noblement distingués et mériteraient d'être cités à l'ordre du jour de l'armée.* » (Dr. Price Mars, *op. cit.*, p. 50)

Pourtant, on n'était plus au temps de la chevalerie. Les enjeux étaient autrement dramatiques. Le siège allait devenir chaque jour plus serré, plus étanche. Les vivres commencèrent bientôt à manquer. D'ailleurs, les conditions d'existence de la population devaient s'aggraver lorsque le chef du Comité Central, par mesure de prudence et de sécurité, décida d'interdire à toute personne de franchir la ligne de démarcation entre les belligérants et de revenir. Suite à cette disposition jugée extrême, la population n'avait pas tardé à crier famine.

Juste à ce moment, en avril 1883, une vedette battant pavillon français était entrée dans la baie de Miragoâne. Un diplomate en débarqua : « La légation française, préoccupée par les conditions précaires de la population, avait investi un émissaire de la mission de faciliter des pourparlers entre les insurgés de Bazelais et le gouvernement de Salomon aux fins de résoudre la crise ».

Le président Salomon, en réponse à la démarche subséquente de la légation française auprès de lui, offrit aux principaux chefs des insurgés la possibilité garantie de retourner à la Jamaïque et promit d'honorer leurs obligations au sujet des dettes contractées, occasionnées par leur entreprise.

Boyer Bazelais, intransigeant, se sentant encore assez fort, refusa cette offre, et le siège continua à faire souffrir la population. Des mois de privation, de tourments, d'inouïs sacrifices, de souffrances morales et physiques, de cruels déboires et de désespoir allaient s'écouler avant que les insurgés se rendissent compte que, pour eux, le soleil de la délivrance ne luirait plus jamais. Hélas !

Arrivèrent les événements du 22 septembre 1883 qui provoqueront un impact considérable sur le sort des insurgés : la prise d'armes de quelques Libéraux à Port-au-Prince.

« *À Port-au-Prince, le 22 septembre, un samedi, des coups de feu, tirés à dix heures du matin, provoquèrent une panique effroyable. L'hôtel de l'arrondissement fut envahi et le général Pénor Benjamin tué à son poste. Le commandant de la place, Aurélien Jeanty, n'échappa que par miracle au même sort. Le châtiment fut terrible. Une populace déchaînée pilla et incendia les quartiers habités par les Libéraux. Elle porta si loin ses excès que Salomon lui-même, à la suite de protestations émanées du Corps Diplomatique, fit, le 23 septembre, une tournée en ville pour calmer l'ardeur de ses partisans.* » (Dr J.-C. Dorsainvil, *op. cit.*, p. 265)

Le désordre à la capitale fut jugé tellement grave, excessif, inouï que le président Salomon crut devoir éclaircir la situation et rassurer les membres du Corps diplomatique.

Par une circulaire datée du 28 septembre 1883 adressée aux diplomates, il avait apporté les précisions suivantes :

« *Je viens vous renouveler, par cette présente, les déclarations que je vous ai faites et les assurances que je vous ai données au cours de notre réunion au Palais, lundi dernier, 24 du courant.*

Port-au-Prince était préoccupée, mais était calme quand, le samedi 22 septembre, à dix heures du matin, des individus armés se ruèrent sur le commandant d'arrondissement, l'étendirent raide mort dans son hôtel, y mirent le feu, et, se divisant en trois bandes, se portèrent sur d'autres quartiers de la ville où ils tuèrent, entre autres personnes, un officier de l'Etat-major général et plusieurs hommes du gouvernement qui étaient accourus pour combattre le mouvement qui venait d'éclater. C'est là le point de départ de tout ce qui s'est passé de triste et de déplorable dans les journées de samedi et de dimanche, pendant lesquelles l'autorité a été impuissante à réprimer les désordres et les excès.

C'est ainsi que, payant de ma personne, le dimanche dans la matinée, l'on me coucha en joue au moment où j'ordonnais l'arrestation d'un pillard du magasin de M. Carré. Sur d'autres points encore ma vie se trouva exposée ; mais telle était ma volonté de voir l'ordre se rétablir le plus vite possible que je donnai mon consentement au débarquement des soldats des bâtiments de guerre étrangers en ce moment sur rade, afin d'avoir leur concours.

Les responsables des malheurs arrivés au pays sont ceux qui ont attaqué le gouvernement légal, le 22 septembre, et ceux qui, à

Miragoâne, à Jacmel et à Jérémie, troublent cette paix et cette tranquillité de trois années que j'avais données au pays. Aujourd'hui, l'ordre est rétabli et je le maintiendrai pour l'honneur de mon gouvernement, pour la sécurité et la garantie de tous et, notamment des étrangers qui ont quitté patrie et famille pour venir s'établir chez nous. » (Louis-Joseph Janvier, *Les Affaires d'Haïti (1883-1884)*, p. 68)

Cette circulaire fut publiée dans le journal *Le Moniteur* du 6 octobre 1883 pour bien faire ressortir l'importance que le gouvernement lui accordait.

L'échec du soulèvement de Port-au-Prince marquait la consécration de la faillite de l'entreprise de Boyer Bazelais. Tous ses espoirs de sortir victorieux dans ce combat s'étaient évanouis. Tombé malade, il ne survécut pas aux multiples tribulations endurées dans la ville assiégée. Un mois après ces terribles événements, il passa de vie à trépas. « *Quelques semaines plus tard,* écrit J. C. Dorsainvil, *Boyer Bazelais, désabusé par l'écroulement de ses espérances politiques, affaibli par les privations d'un long siège, mourut de dysenterie, le 27 octobre.* » (*Op. cit.*, p. 265)

La mort de Boyer Bazelais, le chef des troupes débarquées et potentiel remplaçant du président Salomon en cas de victoire des insurgés, causa la consternation dans les rangs des insurgés. La première tâche de son état-major fut la résolution du problème de commandement. Ainsi donc, la présidence provisoire du Comité fut de suite attribuée au général Epaminondas Desroches en attendant l'élection pour désigner le nouveau président du Comité Central.

En fait, depuis la disparition de Boyer Bazelais, la panique avait gagné les rangs des résistants qui n'avaient pas prévu cette éventualité. La plupart d'entre eux ne voulaient plus continuer la lutte. Aussi, dès le 4 novembre, le nouveau président du Comité avait-il adressé une lettre au Corps Diplomatique pour solliciter son arbitrage en vue de trouver une issue honorable à la situation.

Lisez un extrait de cette lettre signée du général Epaminondas Desroches :

« *Le 27 octobre écoulé, notre regretté chef, M. Boyer Bazelais expirait après quelques jours de maladie, et j'étais appelé par délibération du Comité et des chefs de poste à la direction des opérations militaires de la place.*

La situation nouvelle créée par cette disparition, la responsabilité que j'ai acceptée, des considérations politiques qu'il est inutile d'énumérer ici, me font l'obligation, avec le consentement des chefs des différents postes et du Comité, de porter à votre connaissance que nous serions disposés de mettre un terme à la lutte qui dure depuis près de huit (8) mois déjà, moyennant que, par votre intervention, des conditions honorables nous soient faites. » (Dr Price Mars, *op. cit.*, p. 110)

Le général Desroches n'eut pas le temps d'apprécier les résultats de sa démarche. Le 20 novembre, il rendit à son tour le dernier soupir. Il n'avait exercé sa fonction que durant trois (3) semaines. La maladie continuait de faire des ravages dans le camp des insurgés.

Les élections en vue de pourvoir au remplacement du général Desroches au sein du Comité eurent lieu le jour même de sa mort. Le général Mathurin Legros, ayant obtenu la majorité des suffrages, fut élu comme le nouveau Chef d'Exécution et Président du Comité Central de la Révolution. Immédiatement après son installation, lui, non plus, ne perdit pas de temps pour entreprendre les démarches en vue de mettre fin à la crise.

Le 5 décembre, sur demande, sans doute, du Corps diplomatique et consulaire, une lettre identique à celle expédiée un mois plus tôt fut, par les soins du général Mathurin Legros, transmise de nouveau au même destinataire, mais cette fois, par le canal des bons offices du Président de la République.

Voici la teneur de la lettre de couverture adressée au Président Lysius Félicité Salomon :

« *No. 19*

5 décembre.

Au Président d'Haïti.

Président,

En vertu de la décision de la majorité des autorités révolutionnaires de cette place, j'ai l'honneur de vous remettre sous le pli de la présente une lettre pour le Corps Diplomatique et Consulaire de Port-au-Prince que je vous prie de bien vouloir lui faire parvenir. C'est l'intervention du Corps qui est réclamée aux fins d'arriver, si possible, à une base d'entente pour mettre fin à la lutte que nous soutenons depuis plus de huit mois en adversaires loyaux et nous pouvons ajouter : courageux.

Signé : Mathurin Legros. » (Dr. Price Mars, *op. cit., p. 113.*)

Aucune réponse ne fut donnée à cette lettre. Le mois de décembre s'écoula sans qu'aucun indice de règlement du conflit ne se fût montré à l'horizon. En outre, les autres villes partenaires avaient plutôt manifesté la tendance à abandonner Miragoâne qui, bientôt, allait se trouver seule dans la bataille. Par exemple, « *la ville de Jérémie qui avait suivi le mouvement insurrectionnel avait capitulé tout en engageant Miragoâne et Jacmel à suivre son exemple. Les troupes du gouvernement y étaient entrées depuis le 18 décembre.* » (Louis-Joseph Janvier, *op. cit.*, p. 108)

Ce constat établi, le général Mathurin Legros finit alors par se rendre compte que les insurgés n'avaient plus aucune chance de trouver une porte de sortie honorable. Après la capitulation de Jérémie, le président Salomon s'était montré encore plus inflexible vis-à-vis des insurgés de Miragoâne. Aucune réponse du Corps Diplomatique n'était parvenue, non plus, au général Legros. C'était l'échec total des négociations.

Docteur Price Mars nous renseigne :

« *En effet,* écrit-il, *Salomon, qui, en avril avait offert, sans succès, de ramener les exilés à la Jamaïque et de payer les dettes de la Révolution, maintenant n'exigeait plus que la soumission inconditionnelle. Les exilés épuisés, exténués, déprimés, n'ayant plus ni munitions, ni aliments, ni même de l'eau potable, en étaient réduits à accepter les exigences du vainqueur, mais sous la garantie du Corps Diplomatique. C'était encore une condition. Ils attendirent anxieusement une réponse favorable à cette dernière requête. Elle ne vint jamais. Alors ils comprirent qu'il n'y avait plus rien à espérer de qui que ce fut et le 8 janvier, ils décidèrent d'évacuer la place en allant crânement au-devant de l'inconnu... vers la mort.* » (*Op. cit.*, p. 121)

Le 8 janvier 1884, les combattants de Miragoâne « évacuèrent effectivement la place ». Une hécatombe s'ensuivit. Les insurgés furent décimés. Fernand Hibbert fait une narration poignante de la fin de ce drame :

« *Toute cette journée du 8 janvier ne fut qu'une atroce tuerie. Alexandre David, Massillon Jean-Bart, Jean-Pierre Bazelais... furent impitoyablement fusillés avec une quinzaine d'autres... Ce jour et les jours suivants, le sang haïtien continua à couler à Miragoâne. Les gens qui étaient restées dans la ville par inertie ou tout naïvement pour gagner leur vie, hélas ! les garçons boulangers, les commissionnaires, les porteurs d'eau furent exécutés sans rémission ainsi que les hommes du peuple... qui s'étaient dévoués à la « cause ».*

Dans les bois, les insurgés traqués, cernés, un à un, ou par petits groupes, se défendirent comme des lions, faisant encore quantité de victimes, et finalement succombèrent sous le nombre... Quelques-uns trouvés sans armes ou malades... furent immédiatement exécutés. Les combattants miragoânais... eurent le même sort.

D'autres exilés se brûlèrent la cervelle plutôt que de se laisser prendre vivants et leurs cadavres servirent de pâture aux chiens affamés qui rôdaient dans les bois.

Ceux des insurgés qui s'étaient portés sur Petit-Goâve, livrèrent une bataille sanglante aux troupes de cette ville, mais bientôt enveloppés de toutes parts, ils furent anéantis. Quelques blessés respiraient encore, on les acheva...

Le dernier exilé exécuté fut Mathurin Legros, et cela plus de deux mois après l'évacuation. » (*Romulus*, pp. 102 - 104)

Les compagnons de Jean-Pierre Boyer Bazelais avaient donc presque tous payé de leur vie leur participation à cette triste, périlleuse aventure. Des 92 exilés débarqués le 27 mars 1883, le macabre recensement avait accusé le chiffre total de 86 morts.

« *Il y eut 15 tués au combat, 21 morts de maladie* », informe Fernand Hibbert. Au moment de l'évacuation, d'après le Dr. Price Mars, « *douze des combattants ne purent même pas bouger de la ville, cloués par la maladie..., de ces douze, un seul, Luc Elie, ne fut pas fusillé Vingt-deux autres, traqués, acculés dans les arcanes de la forêt, tombèrent sous les feux des pelotons d'exécution. Seize autres disparurent sans laisser de traces.* » (*Op. cit.*, p. 121)

Fernand Hibbert répartit ainsi les six (6) débarqués qui avaient survécu au drame : *« En mission 1, désertions 3, gracié 1, passé à l'ennemi 1.* » (Dr. Price Mars, *op cit.,* p. 122)

Telle fut la fin tragique de l'équipée de Jean-Pierre Boyer Bazelais. Le président Salomon fut impitoyable, inflexible. Cette invasion armée en vue de renverser le gouvernement légal en Haïti s'était soldée par une véritable boucherie.

Pourtant, malgré la magistrale leçon infligée par l'histoire, le néfaste procédé n'a pas été abandonné. En l'année 1964, soit quatre-vingt-un (81) ans après le grand drame de Miragoâne, après l'effroyable tuerie résultant de l'entreprise osée de Boyer Bazelais, l'Organisation *Jeune Haïti* de New York allait opérer un débarquement de treize (13) de ses militants sur les côtes Sud du pays en vue du renversement du président François Duvalier du pouvoir.

Boisrond Canal, l'auteur de l'invasion de Saltrou, en mars 1876, au cours de laquelle dix de ses amis furent tués. Rentré au pays en avril 1876 à la chute du président Michel Domingue, il fut élu Président de la République, le 17 juillet de la même année.

Boyer Bazelais, l'auteur de l'invasion de Miragoâne, en mars 1883, pour renverser le président Salomon. Mort de dysentrie pendant le siège de cette ville par l'armée, le 27 octobre 1883.

Capitaine Alix Pasquet, chef du commando armé débarqué à Délugé, Saint-Marc, en juillet 1958. Mort au combat, le 29 juillet 1958.

Lieutenant Philippe Dominique, Membre du commando armé débarqué à Délugé, Saint-Marc, en juillet 1958. Mort au combat, le 29 juillet 1958.

Lieutenant Henri Perpignan, Membre du commando armé débarqué à Délugé, Saint-Marc, en juillet 1958. Mort au combat, le 29 juillet 1958.

Le guérillero Henri Fuertes, chef des Barbudos cubains débarqués aux Irois, le 12 août 1959. Mort au combat dans le Massif de la Hotte, le 22 août 1959.

Delio Gómez Ochoa, le commandant qui a dirigé les troupes d'invasion des exilés en République Dominicaine en juin 1959. Aujourd'hui, il est considéré comme un héros dans son pays.

L'ancien 1er Ministre de Cuba, Miró Cardona, leader des exilés cubains débarqués à Cuba, Baie des Cochons, en avril 1961.

Général Léon Cantave, chef des troupes d'invasion du Nord du pays à partir de la République Dominicaine (Août-septembre 1963.)

Fred Baptiste, commandant des F.A.R.H., chef des troupes d'invasion débarquées à Lagon des Huîtres, le 30 juin 1964

Paul Arcelin, le Représentant militaire des F.A.R.H., co-signataire avec Jacques Wadestrandt de Jeune Haïti d'un accord pour l'établissement d'un front commun dans le Sud-Est en vue du renversement du président François Duvalier (Juillet 1964).

Miami Fla U. S.A. May 26.1964

Por Medio del presente CER T I F I C O haber recibido la Suma de US$.1.000.00 mil dolares de parte del Señor la Fountain por concepto y como avance del Arrendamiento del Barco pequero para un mes de arrendamiento suma en total a pagar Us$ 8.000. dolares.

Dueño. JopCrstopher.

Reçu signé du propriétaire du bateau Johnny Express, M. Jop Cristopher, pour un (1) mois de location de son navire par les F.A.R.H. en vue du transport des guerriers pour envahir Haïti. (Collection Paul Arcelin.)

JEUNE HAITI

P.O. Box ~~975~~ 677 Ansonia Station, New York, N.Y.
Telephone: EN 2-2498

12, Juillet 1964

Mon cher Paul,

Le coup d'audace révolutionnaire des Baptiste et de Gérard a électrifié l'exilat haïtien de la diaspora et fait briller une flamme d'espoir qui s'éteignait...

Maintenant il s'agit de battre le fer jusqu'à la victoire décisive et nous de Jeune Haïti sommes en préparation pour joindre nos forces et nos moyens aux [illegible] efforts des lutteurs de la Résistance Haïtienne...

Nous t'envoyons Jacques Wadestandt qui discutera avec toi de nos besoins, de nos possibilités et de toute possibilité d'entente ou d'union...

Samedi 4 juillet je t'ai appelé au téléphone, n'ayant pu te contacter, j'ai eu la chance d'avoir George, le "poche", au bout du fil. Il m'a dit qu'il serait très bientôt à New York, je l'attends encore.

La lettre au N.Y. Times a été immédiatement envoyée à l'auteur de ce journal, et des copies ont été distribuées dans la colonie haïtienne d'ici.

Fais donc confiance à Jacques Wadestandt. A bientôt Paul à Santo Domingo ou en Haïti.

Salut en la nouvelle génération.

[signature]

P.S. - Nous ne sommes plus à l'Hotel Henry Hudson mais bien à: 31 10 - 71st St.
NEW YORK, N.Y (APT 2B)

INSTRUCTION + TRAVAIL = LIBERTE

Lettre de Gérald Brière, de Jeune Haïti, à Paul Arcelin,
Représentant militaire des F.A.R.H.
(collection Paul Arcelin)

CHAPITRE II

LE GROUPE "JEUNE HAÏTI"

Nous venons de vivre de tragiques, dramatiques, bouleversants, palpitants moments avec des groupes d'envahisseurs qui avaient tenté, avant les combattants de *Jeune Haïti*, de renverser des gouvernements par des incursions armées sur les côtes ou les frontières du pays. Qu'il s'agisse de l'action d'Alix Pasquet, de celle de Henri Fuertes, de Léon Cantave, ou de Fred Baptiste, des initiatives de Boisrond Canal ou de Boyer Bazelais, toutes ces équipées avaient lamentablement échoué. Beaucoup de sang a coulé, beaucoup d'êtres humains ont perdu la vie, mais jamais ces invasions armées n'ont abouti au renversement du gouvernement visé. Pourtant, ce constat d'échec n'avait point découragé les gars de New York à s'engager dans cette voie funeste. Au contraire !

On se rappelle qu'à la mi-juillet, un accord avait été signé entre un émissaire de *Jeune Haïti*, M. Jacques Wadestrandt et le représentant des F.A.R.H. à Santo Domingo, M. Paul Arcelin. Il était question dans ce document que « *le groupe de Jeune Haïti devait se joindre à celui des F.A.R.H. dans le Sud-Est pour établir un front commun contre la tyrannie de Duvalier* ». Se trouvant dans des conditions impossibles de continuer la lutte comme programmé, Fred Baptiste avait dû, le 21 juillet 1964, opérer un repli ordonné vers la frontière haïtiano-dominicaine. L'engagement pris par *Jeune Haïti* de venir renforcer l'action des *Forces Armées Révolutionnaires Haïtiennes* dans le Sud-Est ne tenait donc plus.

Néanmoins, le 3 août 1964, quinze (15) jours après le retour de la troupe de Fred Baptiste en République Dominicaine, les gars de *Jeune Haïti* avaient décidé de prendre la mer à bord du *Johnny Express*, le même bateau qui avait servi au débarquement des hommes des F.A.R.H. à Lagon des Huîtres, pour tenter une nouvelle expérience. Ils avaient pris la résolution d'agir seuls et choisi d'ouvrir un nouveau front à l'extrémité Sud-Ouest du pays, dans le département de la Grand'Anse.

Confiants en eux-mêmes, parce que se sentant bien préparés et valablement supportés, les guerriers de *Jeune Haïti* étaient certains de réussir là où les autres avaient échoué. Selon eux, une grande odyssée allait débuter qui se terminera inévitablement par une victoire éclatante.

En effet, tous les pronostics convergeaient vers un optimisme certain si l'on considère les paramètres qui sous-tendaient l'opération dont ces braves avaient la charge : L'encadrement mis à leur disposition, la facilité avec laquelle ils avaient pu se procurer les armes et les équipements nécessaires sur le territoire même des États-Unis, le secret qui avait entouré leur période de formation militaire, l'origine mystérieuse du support financier et de la logistique dont ils avaient bénéficié pendant leur séjour au camp d'entraînement, la certitude de recevoir du ravitaillement en matériel une fois sur place, etc.

Par ailleurs, des informateurs supposés dignes de foi avaient laissé comprendre à ces combattants potentiels que la population en avait marre du régime de François Duvalier au pouvoir, que le peuple haïtien allait les accueillir avec des lauriers. Enfin, il était bien compris que la mission assignée à ces guerriers ne consistait qu'à établir une tête de pont en attendant que des troupes de renfort soient rendues disponibles et prêtes à les rejoindre sur le terrain.

Que devons-nous savoir de cette organisation *Jeune Haïti* ? Qui étaient-ils les hommes qui en faisaient partie ? Quelle est la nature de l'entraînement militaire que les volontaires agréés - les futurs guérilleros - avaient reçu pour les rendre aptes à entreprendre cette périlleuse opération ? Quels ont été les plans et les stratégies arrêtés, le ou les buts visés ?

Je réponds volontiers à ces questions dans le présent chapitre.

A.- L'ORGANISATION JEUNE HAÏTI

Sortie de l'embryon d'un mouvement politique dénommée *"Groupement Progressiste Révolutionnaire Haïtien"* (G.P.R.H.), fondé par de jeunes Haïtiens, tous originaires de la Grand'Anse, vivant à New York (États-Unis d'Amérique), l'organisation *Jeune Haïti* fut portée sur les fonts baptismaux au début du mois de janvier 1963, quand les membres de ce groupuscule extrémiste eurent la chance de lier connaissance avec le prêtre Gérard Bissainthe, brillant professeur des lettres au *Petit Séminaire Collège Saint-Martia*l. En un court laps de temps, ce pédagogue et psychologue éminent, distingué, convaincu, allait transformer ledit G.P.R.H. en une véritable organisation politique bien structurée.

« *Le père Gérard Bissainthe,* écrit Bernard Diederich*, spiritain haïtien qui, avec d'autres collègues, animait au Collège Saint Martial la "Bibliothèque des Jeunes" et des activités comme le* *pèlerinage annuel de Laboule, en congé aux Etats-Unis, avait rencontré un groupe de jeunes exilés. De là était née une organisation politique autour d'un programme pour bâtir une "Nouvelle Haïti". »* (*Op. cit.*, pp. 253, 254)

Les dignitaires du clergé catholique romain avaient toujours considéré le docteur, l'ethnologue François Duvalier comme un vaudouisant savant donc un ennemi à combattre. En 1956 - 1957, lors de la présidentielle, les évêques, prêtres et consorts avaient officiellement pris position en faveur du candidat Louis Déjoie.

Duvalier ayant triomphé aux urnes, les pères spiritains, quasiment dans l'opposition, n'avaient cessé de critiquer ouvertement le nouveau gouvernement, d'encourager bien de complots à caractère subversif. Le bras de fer engagé entre les deux (2) camps opposés depuis l'époque des élections de 1957 s'était intensifié, exacerbé.

En août 1959, en guise de réaction à l'attitude du clergé catholique, François Duvalier avait expulsé du pays le père Etienne Grienenberger, le Supérieur du *Petit Séminaire Collège Saint-Martial*. Ensuite, il devait récidiver, en novembre 1960, en chassant du territoire national, l'archevêque de Port-au-Prince, Monseigneur François Poirier, à cause de sa prise de position jugée trop critique et outrancière lors de l'Affaire des Pères du Saint-Esprit.

Ainsi donc, grâce à l'encadrement efficace et aux conseils salutaires du père Bissainthe, cet intellectuel avant-gardiste, farouche opposant au régime de François Duvalier, l'inconnu groupement de jeunes amis grand'anselais allait s'élargir pour devenir *Jeune Haïti*.

Donnons la parole à Louis Drouin, l'un des membres fondateurs du G.P.R.H. :

« *Au début, notre groupement, ou plutôt ce que j'appelle lapidairement "mouvement", se composait de cinq membres : Brière, Wadestrandt, Large, Clermont et moi. C'est avec l'arrivée du père Bissainthe, en exil à New York, qu'il prit le nom de "Jeune Haïti" et commença à se développer... Avec la venue du père Bissainthe en janvier 1963, le mouvement s'est élargi surtout avec la publication de "Jeune Haïti" qui a fait pas mal d'adhésions parmi les Haïtiens... Le père Bissainthe est le vrai leader du mouvement.*» (*Déclaration de Louis Drouin* - Prosper Avril, *L'Armée d'Haïti, Bourreau ou Victime ?*, p. 417)

Sous l'impulsion de père Bissainthe, la jeune organisation était bien lancée. En peu de temps, elle comptait plus de cent cinquante (150) membres régulièrement inscrits. L'une de ses caractéristiques principales : elle prônait ouvertement la lutte armée pour renverser le pouvoir de François Duvalier.

Du nombre important des adhérents, avaient émergé certains membres très actifs, dynamiques, désintéressés, irréductibles qui devaient constituer le noyau dur de l'organisation. Ils ont pour noms : « *Gérald Brière, Gusley Villedrouin, Louis Drouin, Roland Rigaud, Réginald Jourdan, Gérard Agnant, Hugues Chatelain, Jacques Sénécal, Didier Maisonneuve, Jacques Armand, Max Armand, Jacques Wadestrandt, Gérald Large, Charles Henri Forbin, Lusito Forbin, Babotte Chassagne, Pierre Armand, Frantz Armand, Adrien Blanchet* », auxquels s'ajoutent « *Jean-Robert Bellande, Jean-Claude Barjon, Bernard Sansaricq, Jean-Claude Desmangles, Louis Villemenay.* » (Prosper Avril, *op cit.*, p. 422)

Les buts et objectifs bien établis, des structures de gestion adéquates étaient mises en place autour d'un programme définissant les aspirations du groupe *Jeune Haïti* :

« *Nous avions un programme bien défini visant les problèmes politiques et sociaux ; nous avions une section politique dirigée par Brière, une section militaire dirigée par le colonel Armand, une section de propagande par moi-même, les affaires extérieures par Gérald Large, la trésorerie par Alix Polynice et la section féminine dirigée par Clara Bissainthe,* déclara Louis Drouin. » (Prosper Avril, *op. cit.*, p.417)

Peu de temps après sa fondation, le prestige de l'organisation avait débordé les frontières des Etats-Unis. Son leader, le dynamique père Gérard Bissainthe, avait déployé une grande activité aux Etats-Unis et aussi en République Dominicaine où il avait établi des liens solides avec les opposants vivant dans ce pays. Il avait même voulu y créer une base d'opération.

En République Dominicaine, le père Bissainthe était très encouragé et bien supporté dans sa tâche par le père Jean-Baptiste Georges. Ce dernier, déjà solidement implanté dans le milieu dominicain, continuait d'exercer ses fonctions sacerdotales, disait la messe matinale à l'église Altagracia à Santo Domingo et avait ainsi l'occasion de passer régulièrement ses messages à la communauté haïtienne vivant dans ce pays.

Il y a lieu de signaler également que le père Jean-Baptiste Georges, le respectable aumônier des cadets de ma promotion (1959 - 1961), à l'*Académie Militaire d'Haïti*, le principal animateur de l'historique *Cercle des Étudiants* de la ruelle Roy, par sa position de leader ecclésial reconnu internationalement, constituait un rempart, un atout majeur et un bouclier pour les groupes de réfugiés haïtiensen République Dominicaine. À ce titre, « el padre », comme on l'appelait, avait manifesté partout sa présence charismatique et accordé son appui inconditionnel à tout mouvement, groupement ou parti politique fondé, organisé pour renverser le gouvernement du président Duvalier dont il fut pourtant, en 1957 - ô ironie de l'Histoire ! - le premier ministre de l'Education Nationale.

« Le père Jean-Baptiste Georges, pendant la décennie de 1960, participa à la préparation et au financement des groupes qui voulaient tenter l'aventure d'une invasion », nous apprend Bernard Diederich (Op. cit., p. 233)

Ayant à sa disposition de pareils commanditaires si généreux, décidés, bien pourvus, l'organisation *Jeune Haïti*, protégée par la C.I.A., libre de ses mouvements « révolutionnaires » aux États-Unis d'Amérique, était prête pour jouer son rôle de fer de lance de l'opposition sur le territoire haïtien. Et comme les responsables du mouvement avaient opté pour « la lutte armée », les volontaires choisis et agréés pour la mission devaient être tous bien préparés militairement, endoctrinés.

Aussi, naturellement, l'expertise d'instructeurs émérites fut-elle requise pour inculquer à quelques membres de *Jeune Haïti*, les futurs combattants, l'esprit de discipline en tout et partout, les endurcir à la tâche, les aguerrir, les mettre à l'épreuve pour qu'ils pussent bien jouer leur partition dans ce projet grandiose de libérer Haïti de la « tyrannie duvaliériste », de la « dictature macoute », pour qu'ils fussent à même d'affronter sans défaillance la dure réalité des champs de bataille !

B.- L'ENTRAÎNEMENT DES GUERRIERS

Le processus d'entraînement des futurs guérilleros de *Jeune Haïti* devait débuter au mois d'octobre 1963. Furent choisis pour en faire partie les vingt-quatre (24) membres plus haut mentionnés, auxquels un nouveau nom fut ajouté : Marcel Numa. En effet, au cours d'une rencontre tenue au domicile de ce dernier au début du même mois, des dirigeants de l'organisation étaient venus l'informer de leur projet d'envahir le pays pour renverser le gouvernement de Duvalier et l'inviter à faire partie du groupe. À cause de ses liens d'amitié avec les membres de la délégation, Marcel Numa accepta leur proposition et se mit à leur disposition. Le nombre de combattants potentiels passa alors à vingt-cinq (25).

Marcel Numa avait expliqué les circonstances de cette rencontre avec les dirigeants du comité de *Jeune Haïti* dans sa déclaration à l'état-major des troupes en campagne : « *J'ai eu mon premier contact avec les nommés Gérald Large, Gérald Brière et Gusley Villedrouin que j'avais déjà connus à Jérémie, au 114, Oils Cameroun St., Brooklyn, New York. Ils étaient venus me chercher chez moi et m'apprirent leur intention d'organiser une invasion sur Haïti, disant qu'ils avaient des contacts aux États-Unis d'Amérique. Ils refusèrent de me renseigner sur ces contacts, sous prétexte que je n'étais pas encore sûr.* » (Prosper Avril, *op cit.*, p.421)

Le groupe choisi pour subir les entraînements militaires fut bientôt invité à participer à une réunion dans un hôtel de New York afin de comprendre, étudier en profondeur le sens de la mission de chaque militant. Là, les futurs combattants furent informés de la mise en branle du processus de l'invasion à réaliser très bientôt en Haïti, des conditions dans lesquelles ils allaient être soumis aux entraînements, de la logistique couvrant leur séjour dans le camp, etc. ; la date du début de l'instruction militaire devait leur être communiquée ultérieurement.

« *Deux ou trois jours après*, continue Marcel Numa, *Gérald Large vint me chercher et me conduisit à l'hôtel Seattle Hilton au 33ème Street, 7ème Avenue ; nous prîmes contact avec un blanc américain plutôt mince et portant des verres, qui se faisait appeler Erickson... Erickson parla d'entraînement auquel nous devions être soumis et des conditions : lieu secret, salaires : 75 dollars par semaine pour les personnes mariées, 50 dollars pour les célibataires. Il ne nous confia ni le jour ni l'heure du départ pour le camp, mais nous demanda notre adresse.* » (Prosper Avril, *op. cit.*, p.422.)

Le 13 octobre 1963, dans la soirée, le groupe était de nouveau convoqué. C'était le jour du départ pour le camp d'entraînement. Enfermés dans un fourgon militaire, les vingt-cinq (25) membres de *Jeune Haïti* furent déposés à Marine La Guardia Airport, puis embarqués dans un avion DC-3 fermé qui, après cinq (5) heures de vol, atterrit sur un tarmac où se trouvait déjà en stationnement un autre fourgon. Après quatre-vingt-dix (90) nouvelles minutes, ils atteignirent finalement le camp d'entraînement. Bien qu'ils ne pussent identifier l'endroit où on les avait emmenés, des instructions leur furent passées pour que la localisation de ces installations paramilitaires fût gardée dans le plus grand secret.

Louis Drouin informe :

« *La question d'entraînement avait été envisagée par la section compétente du groupe ; c'est ainsi que, en septembre dernier, nous fûmes embarqués à bord d'un avion fermé pour une destination inconnue ; après avoir passé trois ou trois heures et demie dans l'avion, nous débarquâmes dans le camp d'entraînement où nous restâmes pendant six semaines...*

Au camp d'entraînement, nous avons eu des instructeurs américains, cinq en tout, et avions appris le maniement des armes, le "map reading", la technique de la guérilla ...

Durant la période d'entraînement, nous recevions une certaine allocation du mouvement qui, lui, obtenait les valeurs de la colonie haïtienne ou de source étrangère.

Nous y apprîmes le maniement des armes, comme je vous l'ai dit ; pas moi qui ai appartenu à l'armée américaine. » (Prosper Avril, *op. cit.*, p 418)

En effet, les séances d'entraînement avaient débuté le lendemain du jour de leur arrivée. Les uniformes, le matériel didactique, les équipements distribués, les cinq (5) instructeurs américains engagés furent attelés à la besogne de formation de ces futurs combattants, saufs deux (2) ou trois (3) d'entre eux qui étaient déjà des expérimentés dans l'art militaire. Durée des études et stage : six (6) semaines. Les matières à couvrir : Fusil M1, carabine cal. 30, mitrailleuse cal. 30, lecture des cartes, maniement des armes, tir de précision, tir collectif, éléments de tactique d'infanterie, technique de la guérilla, communications et transmissions, démolitions et sabotage, premiers secours, guerre psychologique, exercices physiques d'endurance, etc. Un curriculum vraiment chargé pour six (6) semaines. Du pain sur la planche.

Au début de décembre, la troupe bien formée, entraînée, décidée, motivée, était déclarée prête pour le combat, les hommes endoctrinés pour affronter les rigueurs du champ de bataille.

Le colonel Heinl dira à ce propos : « *Ce qui distingue ce groupe "Jeune Haïti" des autres qui avaient déjà débarqué, c'est que ses hommes furent au moins bien préparés. Ses membres étaient très versés dans la tactique et la technique de guérilla (plusieurs d'entre eux avaient servi dans les Forces armées américaines.* » (*Op. cit.*, p. 580)

Après leur laborieux séjour au camp d'entraînement, les futurs guerriers furent reconduits à New York dans les mêmes conditions austères. « La hiérarchie » leur avait ordonné « d'attendre de nouvelles consignes... » à cause d'un incident imprévu qui avait exercé un impact négatif sur la concrétisation immédiate du projet d'invasion comme cela avait été prévu : la mort tragique du président John Fitzgerald Kennedy, en novembre 1963.

Conséquence directe de cette tragédie sur le projet : la date initialement arrêtée pour le débarquement en Haïti des guérilleros de *Jeune Haïti* avait été différée, peut-être même renvoyée aux calendes grecques :

« *Avec la mort du Président (Kennedy), le projet avait été suspendu* », informe Bernard Diederich. (*Op. cit.*, p. 253)

Les raisons ?

« *Le dossier avait été déclassée, parce que la nouvelle administration qui succéda à celle de Kennedy était plus intéressée à la lutte ouverte contre le communisme international qu'à la situation des droits de l'homme et de la démocratie particulièrement chez des peuples sans majorité politique évidente.* » (Daniel Supplice, *op. cit.*, p. 111)

C.- LES ULTIMES PRÉPARATIFS

Nous sommes bien au début du mois de janvier 1964, les futurs guerriers, après les six (6) semaines passées au camp d'entraînement et suivant les ordres et instructions reçus, durent attendre, rongés d'impatience, chez eux à New York. Mais finalement, l'organisation *Jeune Haïti* allait apprendre avec soulagement que le projet n'a pas été définitivement abandonné en haut lieu. L'étape de la préparation militaire franchie, il avait été décidé d'arrêter les dispositions de tous ordres pour concrétiser l'opération de débarquement.

La première initiative entreprise en marge des préparatifs déclenchés visant la réalisation de l'invasion projetée, fut de prendre des dispositions en vue d'opérer quelques changements au sein du comité central et de renforcer les structures de l'organisation.

Réunis à l'hôtel Henry Hudson de New York, leur quartier-général, les membres de *Jeune Haïti* désignèrent les personnalités suivantes appelées à siéger au Comité Central de l'organisation :

« *Pierre Armand et Gusley Villedrouin furent chargés de la section militaire, Gérald Large de la coordination, Babotte Chassagne des relations extérieures, Alix Polynice et Lucien Borno des finances, Me Delatour, Chrisphonte et Pierre Débrosse de la section politique. La section féminine, présidée par Clara Bissainthe, groupait Mme Jacques Wadestrandt (Sylvie), Marie Claude Daniel, Gladys Smith, Marlène Zéphirin, Jacqueline Armand, Marlène Racine...* » (Prosper Avril, *op. cit.*, p. 422)

Vers la fin du mois de janvier 1964, trois (3) des « hommes d'affaires américains » patronnant le mouvement avaient rencontré le nouvel état-major de *Jeune Haïti* et les membres de l'organisation pressentis pour la mission. Prénommés Steve, Marc et Erickson, leurs noms de famille demeuraient pour eux « un mystère non révélé ».

Il s'agissait d'une réunion destinée à « conscientiser ces jeunes gens qui, bientôt, allaient affronter la mort, vivre une autre réalité loin de leur foyer familial. » Il leur fut expliqué « le sens, la portée et l'importance de leur partition à jouer dans l'exécution d'un plan concocté visant la chute du régime de Duvalier, les difficultés rencontrées et jugulées après la mort du président J. F. Kennedy, un farouche supporter du projet. »

À la question concernant la date précise de l'invasion, Erickson leur répondit « d'attendre patiemment les circonstances favorables et l'obtention du feu vert de qui de droit. » Entre-temps, ils devaient rester confinés chez eux. Pas question de fréquenter qui que ce fut, voire de se présenter sur leurs lieux de travail.

Daniel Supplice rapporte à ce sujet :

« Erickson les informa que le Département d'État et le fruit d'une collecte de fonds au sein de la communauté haïtienne avaient permis de leur offrir des frais de mille dollars le mois. Il était hors de question de chercher de l'emploi et de se rendre à leurs anciens lieux de travail. » (Karioka, p. 114)

Au mois de mars 1964, une nouvelle rencontre eut lieu, mais, cette fois-ci, à l'Hôtel Roosevelt où le même dénommé Erickson informa les intéressés de l'« heure H » de l'invasion programmée qui est pour bientôt. « Les importantes, voire primordiales questions de la logistique et de la fourniture des armes, munitions et, équipements sophistiqués, etc. sont réglées », avait-il ajouté.

Un plan de réception du matériel de guerre fut alors élaboré par les parties, des promesses furent engagées fermement pour que soient mis à la disposition de *Jeune Haïti* les voies et moyens lui permettant de résoudre tous les problèmes possibles à venir en matière d'armements, de munitions, d'équipement et de financement.

Au cours d'une nouvelle rencontre avec M. Erickson à l'Hôtel Hudson, siège du mouvement, en mai 1964, ce dernier leur annonça la très réconfortante nouvelle « de la satisfaction des promesses faites en mars dernier ». Il leur apprit ensuite « la disponibilité des fonds sollicités pour l'acquisition du matériel militaire aux fins de réaliser l'invasion ». Charles Henri Forbin, un ancien membre du corps de parachutistes de Fort Bragg - la fameuse 82ème division aéroportée - fut chargé de ce délicat dossier à cause de ses contacts avec les militaires américains. Grâce à son dynamisme et son dévouement à la « cause sacrée », le matériel sollicité sera acheté et livré à temps.

Au début de juillet 1964, Gusley Villedrouin fut dépêché à Miami pour accélérer les derniers préparatifs, et, on se le rappelle, vers la mi-juillet, Jacques Wadestrandt, sur les instructions de Gérald Brière, avait été investi des pouvoirs nécessaires pour se rendre à Santo Domingo aux fins de s'entendre avec Paul Arcelin, le représentant militaire des F.A.R.H. en pleine opération dans le Sud-Est d'Haïti. Son mandat : signer un accord avec les F.A.R.H. en vue d'établir un front commun contre le gouvernement de Duvalier.

Le 15 juillet 1964, Jacques Wadestrandt était retourné à New York avec un accord dûment signé par les représentants des deux

(2) organisations. Sa mission était couronnée de succès. Bientôt, les troupes de Fred Baptiste allaient être renforcées de celles de *Jeune Haïti* dans le Sud-Est pour mener en commun la lutte contre le régime de Duvalier.

Lors de la signature de l'accord *Jeune Haïti* - F.A.R.H., le père Jean-Baptiste Georges s'était également entendu avec M. Jop Cristopher, capitaine du *Johnny Express*, le bateau qui avait débarqué le groupe des F.A.R.H. à Lagon des Huîtres, pour pouvoir bénéficier des mêmes traitements et services à accorder au groupe *Jeune Haïti* dont le contrat avec les F.A.R.H. stipulait « la poursuite de la lutte à partir du même point où ce navire les avait débarqués ».

Mais voilà que, le 21 juillet 1964, c'est-à-dire une semaine après la signature de l'accord, Fred Baptiste, face à des difficultés sans nombre rencontrées dans les montagnes du Sud-Est, avait pris la décision d'abandonner le combat et de traverser la frontière haïtiano-dominicaine avec ses hommes en guenilles. D'urgence, un nouveau plan fut donc élaboré. Le débarquement se fera dans la Grand'Anse. Plus question de débarquer dans le Sud-Est d'Haïti. Un plan d'occupation de la ville de Jérémie pour l'établissement d'une tête de pont fut mis au point et approuvé par les instances dirigeantes.

Dès lors, il était indispensable de procéder au choix des héros qui devaient constituer la première vague. Il fut décidé de former un premier contingent de treize (13) hommes, à l'image de l'escouade des fusiliers du Marine Corps. Très mobile, cette formation, la plus petite unité appelée à fonctionner de façon indépendante sur le terrain, était composée d'un chef d'escouade et de trois chefs d'équipe de feu prêts à exécuter les manœuvres prévues tant dans la tactique conventionnelle que dans celle de la guérilla.

Les membres composant cette escouade furent choisis en fonction de leur passé militaire, de leur aptitude au combat et de leur connaissance de la ville de Jérémie et de ses environs : 1) Gérald Brière, 2) Charles Henri Forbin, 3) Réginald Jourdan, 4) Gusley Villedrouin, 5) Jacques Wadestrandt, 6) Adrien Blanchet, 7) Jacques Armand, 8) Max Armand, 9) Jean Gerdès, 10) Roland Rigaud, 11) Didier Maisonneuve, 12) Marcel Numa, 13) Louis Drouin.

Le 28 juillet, le groupe choisi arriva à Miami, accompagné de père Jean-Baptiste Georges et de quelques membres de l'organisation. À cette phase, avant de prendre place à bord du vaisseau, il fut demandé à chacun d'entre eux de confirmer son accord pour sa participation à l'équipée. Des treize (13), deux (2) avaient désisté : Didier Maisonneuve et Adrien Blanchet. Ils avaient déclaré « qu'ils ne croyaient pas en la réussite de la mission, telle qu'elle était engagée. » Est-ce à cause de la rapidité avec laquelle le plan a été changé ? De toutes les façons, dès le départ, un grave problème était posé qui exigeait une prompte solution.

Ceux chargés de la mise en train du projet ne pouvaient pas tout laisser tomber, repartir à zéro. Ils avaient des comptes à rendre aux puissants commanditaires de l'opération qui avaient non seulement pourvu au financement du projet ($.50,000.00 ont été reçus comme un versement initial), mais aussi donné des garanties formelles de « *l'appui total et inconditionnel du gouvernement américain qui voyait dans cette démarche une attitude positive visant à mettre fin aux jours de l'État prédateur qui dominait la scène politique haïtienne.* » (Daniel Supplice, *op. cit.*, pp. 123, 124)

En guise de remède à cette situation inattendue, le diligent et courageux père Georges fit alors appel à deux (2) volontaires parmi les autres membres qui se trouvaient sur place : Yvon Laraque et Mirko Chandler. Ces derniers, bien que n'ayant pas reçu un entraînement adéquat, acceptèrent de s'embarquer avec les autres. Le commando fut de nouveau ramené à treize (13) guérilleros.

À propos de la solution adoptée par père Georges suite à cet incident provoqué par Didier Maisonneuve et Adrien Blanchet, Louis Drouin déclara : « *Ces derniers ont refusé au dernier moment de participer au mouvement d'invasion qui était une folie à leur avis, mais nous avons eu avec nous Mirko Chandler et Yvon Laraque qui, eux, n'avaient pas subi l'entraînement.* » (Prosper Avril, *op cit.*, p. 418)

Le désistement des deux (2) défaitistes constituait un incident vraiment regrettable pour une opération d'une telle importance : des éléments bien préparés pour la mission à accomplir venaient d'être remplacés par deux (2) membres qui n'avaient été ni entraînés ni endoctrinés militairement à cette fin. En outre, Yvon Laraque et Mirko Chandler, frisait la quarantaine alors l'âge des onze (11) autres se situait entre vingt-trois (23 et trente-deux (32) ans.

Un autre sérieux handicap à surmonter : l'homogénéité de l'escouade de treize (13) , unité choisie pour former la tête de pont ou l'avant-garde, se trouvait rompue puisque les deux (2) éléments choisis ignoraient tout de cette formation militaire, de sa façon tactique de se déplacer, d'attaquer, de se défendre sur le terrain.

Comment expliquer alors cet acte improvisé posé à la dernière minute, juste avant de prendre la mer ? Pourquoi les chefs, les décideurs, n'avaient-ils pas choisi, pour remplacer valablement les défaitistes, deux (2) autres guerriers qui avaient déjà reçu la formation paramilitaire adéquate ? Et pourquoi n'avaient-ils pas reculé de deux (2) ou trois (3) jours le départ du commando, le temps nécessaire pour résoudre le problème posé ? Mystère !

Néanmoins, malgré ces graves lacunes constatées, les treize (13) combattants de *Jeune Haïti*, munis des armes, équipements et moyens logistiques nécessaires, étaient embarqués à bord du *Johnny Express*, prêts à écrire une nouvelle, glorieuse page d'histoire. Le 3 août 1964, le navire affrété mettait le cap sur Haïti ayant pour mission essentielle : le débarquement de nos héros et de leur cargaison de matériels de guerre en un point bien indiqué au capitaine Jop Cristopher situé dans la Grand'Anse, proche de la ville de Jérémie.

D.- PLAN ET STRATÉGIES ARRÊTÉS

Au moment de leur embarquement, les treize (13) grenadiers de Jeune Haïti savaient très bien leur rôle à jouer une fois sur le terrain en Haïti, leur partition à exécuter pour la pleine réussite du projet de renverser le président François Duvalier du pouvoir, l'importance de la mission à accomplir « au nom de la démocratie » pour « libérer le peuple haïtien de la tyrannie ».

À partir des déclarations de Louis Drouin et de Marcel Numa, après leur capture, et grâce aux documents authentifiés recueillis au cours de l'expédition militaire par les forces gouvernementales, les détails de ce plan concocté à New York, à présent disponibles, peuvent être divulgués, appréciés par les lecteurs.

Tout compte fait, ce plan peut être ainsi résumé :

1.- Occupation manu militari du terrain d'aviation de Jérémie dont la possession offrira de larges possibilités logistiques.

2.- Confiscation d'avions, d'engins de guerre et Interception de renforts éventuels expédiés de Port-au-Prince par voie aérienne.

3.- Occupation de la caserne du district militaire de Jérémie.

4.- Destruction du pont de la rivière Grand'Anse afin de rendre difficile l'arrivée à Jérémie de troupes gouvernementales par voie terrestre.

5.- Organisation et fortification de la tête de pont, maîtrise de la population et proclamation de cette partie occupée du pays déclarée « Territoire libre ».

6.- Réception de renforts en hommes (politiciens et guerriers) de l'organisation mère et / ou des autres mouvements politiques affiliés.

7.- Réception massive de matériel et d'équipements à pourvoir par les commanditaires de l'opération.

8.- Organisation d'un gouvernement révolutionnaire avec, comme emblème, le drapeau Bleu et Rouge. (Ce drapeau a été, lui aussi, récupéré parmi les documents confisqués.)

9.- Obtention de la reconnaissance officielle du gouvernement révolutionnaire par des gouvernements sympathisants.

10.- Ultimatum au président François Duvalier pour qu'il démissionne immédiatement de sa haute fonction.

Tel qu'énoncé, ce plan concordait bien avec les déclarations de Marcel Numa.

Voilà comment ce malheureux guérillero avait perçu la mission qui avait été confiée à lui et à ses camarades :

« *Notre plan qui avait reçu l'approbation des Américains patronnant le mouvement, était de débarquer du côté de l'abattoir de Jérémie, de nous emparer de la caserne, du terrain d'aviation et de la ville en général ; on ferait des prisonniers, et on fusillerait les autorités civiles et ceux qui ne voudraient pas collaborer. Selon ce plan, Jérémie constituerait la base pour les opérations futures, avec la bénédiction et la paternité de la CIA et des autres agents à Port-au-Prince. On nous avait promis des bateaux qui transporteraient d'autres troupes de couverture...*

Pendant la traversée, le plan fut jugé irréalisable à cause de notre effectif trop réduit, et un autre, proposé par les Armand, fils de Benoît Armand, et Milou Drouin adopté à l'unanimité. Il s'agissait de débarquer à Bonbon dans la nuit, de nous diriger sur "Numéro 2" où se trouve le terrain d'aviation, de kidnapper l'avion et les occupants, de lancer un appel à Port-au-Prince pour informer que l'avion était en panne. Port-au-Prince enverrait un deuxième avion qui serait pris aussi. (Gusley Villedrouin et Charlie Forbin sont de très bons pilotes.) Le terrain d'aviation, la ville de Jérémie et la route y conduisant bien contrôlés, nous émettrions un appel à la CIA qui nous enverrait renforts, armes, munitions, ravitaillement. » (Prosper Avril, *op. cit.*, pp. 423, 424)

De son côté, Louis Drouin avait dévoilé un autre plan alternatif au cas où des difficultés surgiraient dans l'exécution du plan principal. Il s'agissait, selon lui, de « *débarquer en un point situé entre Côteaux et Les Anglais, et de là, prendre les mornes et ouvrir une guerre de guérilla* ». Sitôt enracinés dans les montagnes, le ravitaillement allait y être acheminé ainsi que d'autres hommes de troupe. Un front solide allait ainsi s'ouvrir, à l'instar de l'action de

Fidel Castro à Cuba dans la Sierra Maestra contre le président Fulgencio Batista.

Ce plan dévoilé de constituer un front de guérilla dans les montagnes de la Hotte, apparemment bien pensé, paraît difficile à appliquer à partir du jour de débarquement à cause du grand détour nécessaire à faire par le bateau avant d'atteindre la zone envisagée (Côteaux ou Les Anglais) située au sud de la presqu'île de la Grand'Anse. Louis Drouin, originaire de la région grand'anselaise, devrait savoir qu'il était presqu'impossible, en ce temps-là, de gagner les mornes du Sud, d'y installer un foyer de guérilla et de recevoir aisément du ravitaillement et des renforts venant de l'étranger... Cette solution ne pouvait être adoptée qu'en cas d'échec sur le terrain du plan approuvé en haut-lieu.

À propos de guérilla, puisque nécessairement les rebelles auront à en faire l'expérience, je crois utile d'éclairer la lanterne des lecteurs en leur expliquant quelques notions succinctes qui concernent la technique de guerre dite de «guérilla» pour leur permettre de mieux comprendre le comportement des combattants de *Jeune Haïti* sur le terrain durant les trois mois d'amères souffrances et d'endurance physique éprouvées face aux unités des troupes régulières dépêchées pour les vaincre, les annihiler.

La guérilla, « la guerre de harcèlements, d'embuscades, de coups de main menée par des troupes de partisans, de rebelles », est une technique de combat, un moyen de lutte qu'utilisent des groupes d'individus, surtout de prétendus révolutionnaires, rebelles à un ordre de choses établi.

Cette technique, employée par des unités armées très inférieures en nombre par rapport aux forces régulières, constitutionnelles de l'État concerné, est caractérisée par la rapidité des manœuvres et des mouvements synchronisés des acteurs.

Pour arriver à imposer leurs desiderata au gouvernement en place, les guérilleros, beaucoup moins nombreux que les troupes contre lesquelles ils combattent, sont obligés d'ériger des barricades, de dresser des embuscades, d'effectuer des raids et des attaques surprises, d'agir avec agilité, rapidité et efficacité aux fins de harceler et détruire les forces dépêchées pour les annihiler; obligés aussi de boycotter, saboter, détruire les infrastructures du pays: ponts, viaducs, barrages, routes, aqueducs, voies ferrées, écoles, hôpitaux, bureaux publics, usines d'énergie électrique, poteaux et lignes téléphoniques, etc. aux fins de paralyser l'action du gouvernement honni.

Le guérillero, sur le terrain, sait qu'il a besoin de l'aide et de la participation de la population pour pouvoir survivre, il recherche constamment sa collaboration partout où il est appelé à évoluer, à lutter vaillamment. Il se sert des autochtones (habitants) pour se guider, s'orienter, s'informer, avoir des nouvelles fraîches, se ravitailler en nourriture et eau, soigner ses malades et ses blessés, espionner l'ennemi, garder le secret de ses déplacements, etc.

Lors des opérations, les guérilleros évitent, autant que faire se peut, le combat face à face avec des unités régulières. Ils doivent déterminer quand il leur faut avancer ou reculer, se replier, rester visibles ou invisibles.

Opportunistes, prudents et astucieux, les rebelles n'attaquent à visage découvert que si le succès est garanti, ne poursuivent un combat que s'ils croient bénéficier de l'avantage qui conduit à la victoire. Dans le cas contraire, ils abandonnent, battent en retraite.

Luttant par groupuscules, ils s'évanouissent dans la nature immédiatement après avoir attaqué. « Frapper et fuir », est la devise du guérillero. La surprise et la légèreté du mouvement lui sont d'une importance capitale. Aussi, son armement est-il très léger, peu encombrant. L'équipement lourd est dédaigné, banni.

Pour que ces principes soient respectés par la troupe de guérilla, il faut qu'elle soit bien structurée. Chacun à l'intérieur du groupe doit avoir un rôle spécifique à remplir. Au sommet de la hiérarchie de chaque petite entité se trouve le chef militaire, puis vient le commissaire politique. Les autres membres du groupe sont traités sur le même pied d'égalité, mais à chacun d'entre eux est assignée une responsabilité spécifique bien définie. Un responsable individuel est désigné pour chacun des volets de fonctionnement du groupe : les munitions, la nourriture, la santé des hommes, le maintien en bon état de fonctionnement des armes, les finances, la communication, etc. Rien n'est laissé au hasard.

Le chef militaire assume la plus grande responsabilité envers la troupe et ses supérieurs. Il s'occupe de la discipline au sein du groupe, de la préparation des plans de toute action à entreprendre ; veille au bon moral de ses hommes, détermine l'opportunité des attaques, décide de l'usage à faire des butins de guerre. En outre, il est le seul habilité à établir des contacts avec l'échelon supérieur et à adresser des rapports à qui de droit sur l'évolution de la situation.

De son côté, le commissaire politique détient la responsabilité de l'action psychologique et de la propagande. Il est le principal conseiller du chef militaire en ce qui concerne l'opportunité des attaques et le choix des objectifs à atteindre. Il s'occupe également de la collecte des fonds, organise les réseaux de renseignements, assure l'endoctrinement de la population pour la porter à embrasser la cause défendue. Il a aussi la charge de rendre la justice au sein du groupe, de recruter de nouveaux combattants parmi les sympathisants après avoir subi des épreuves physiques, morales et idéologiques.

Voilà donc les principes auxquels seraient astreints les membres de l'organisation *Jeune Haïti* au cas où ils se retrouveraient dans l'obligation de mettre en pratique le plan proposé par Louis Drouin, c'est-à-dire, l'ouverture d'un front de guérilla dans le Sud d'Haïti après leur débarquement, au cas où le plan initial s'avérerait inopérant ou aboutirait à un échec.

Le lecteur a dû sûrement s'en rendre compte : cette invasion fut la plus sérieuse tentative entreprise contre le gouvernement du président François Duvalier depuis son accession au pouvoir.

Et pour relever un tel défi, les révolutionnaires de *Jeune Haïti* composant le commando ne pouvaient être de simples chairs à canon utilisées par les idéologues de leur organisation. Ils étaient des professionnels de l'art militaire choisis par leurs dirigeants qui les savaient capables de réussir la mission confiée !

Suivons maintenant le cheminement de ces valeureux combattants sur le terrain du jour de leur arrivée sur le territoire haïtien, le 5 août 1964, jusqu'à leur dernier combat, le 19 octobre 1964, odyssée qui allait tragiquement se terminer, le 12 novembre 1964, par l'exécution de deux (2) des treize (13) héros capturés par les forces gouvernementales au cours des opérations militaires.

CHAPITRE III

LES PREMIERS CONTACTS - LES SUCCÈS

Aujourd'hui mardi 5 août 1964, les rayons obliques du radieux soleil antillais scintillaient à l'horizon, l'astre du jour éclairait les cieux, ravi de voir circuler tant de steamers et de bâtiments marchands sur la mer d'un bleu électrique de la région d'Haïti. Le soleil, joyeux, répandait sa lumière qui féconde la vie sur toute la terre.

Déjà deux (2) jours, quarante-huit (48) précieuses heures, que le *Johnny Express* avait mis le cap sur la République d'Haïti en transportant les treize (13) combattants de *Jeune Haïti*, bouffis d'orgueil, très gonflés à l'idée d'être les nouveaux Spartacus des temps modernes, le cœur plein d'espoir patriotique en des lendemains enchanteurs pour les quatre (4) millions de citoyennes et de citoyens haïtiens, le moral au zénith, accompagnés de leur mentor, le grandissime père Jean- Baptiste Georges, celui-ci décidé à renverser du pouvoir l'homme dont, cependant, il avait épousé les idées lors de son accession au pouvoir en 1957.

Heureux et émus en découvrant le ciel d'un bleu ardoise de la Grand'Anse, leur cœur avait palpité d'allégresse en voyant venir à eux les rivages de rêve de leur terre chérie d'Haïti.

Et le *Johnny Express* filait sur la mer calme, fendait les eaux bleues en un sillon frangé d'écumes blanchâtres qui disparaissaient peu à peu au creux des vagues tandis que le navire s'approchait des côtes salvatrices.

Enfin ! Ouf ! Le rêve tant caressé allait bientôt se transformer en réalité. Dans quelques heures, nos héros seront en mesure de déclencher « la guerre de la dignité » souhaitée, atteindre dans le meilleur des délai l'objectif principal fixé, savoir : l'écroulement, la chute du « gouvernement honni de François Duvalier » et son remplacement immédiat par un autre, démocratique, répondant à leurs aspirations révolutionnaires.

A.- LE DÉBARQUEMENT

Plus poignante devenait l'anxiété qui ravageait leur nature humaine, grandissait et augmentait leur tension artérielle ou vasculaire de minute en minute. Pression psychologique et non la peur. « Les braves n'ont jamais peur ! » Leur cœur battait la chamade tandis que le navire s'approchait très lentement des côtes, que les membres du commando admiraient la terre de leurs aïeux, contemplaient le sable fin de la plage inconnue.

Pourtant, ils ne pouvaient débarquer, toucher la terre ferme. L'inquiétude commençait à envahir les esprits. « Pourquoi le capitaine du *Johnny Express n'avait*-il pas jeté l'ancre, ordonné le débarquement des passagers conformément au plan établi ? », avaient demandé les guérilleros. Ils étaient tombés des nues quand le pilote leur avait avoué : « Je me suis égaré. J'ai raté le point de débarquement prévu ».

Impossible donc d'accomplir la mission telle que projetée.

Premier échec, première déconvenue ! Qu'allait-il advenir du plan élaboré en haut lieu confié au groupe des treize (13) rebelles ? Leur chef, Gusley Villedrouin, très préoccupé, voire angoissé, déboussolé, était totalement embarrassé lorsque Jop Cristopher, le capitaine du navire, lui avoua : « Je ne sais vraiment pas où nous nous trouvons. »

En effet, si M. Christopher était prêt pour reprendre l'expérience de Lagon des Huîtres pour y avoir déposé la troupe de Fred Baptiste deux (2) mois plus tôt, il semblait tout ignorer des côtes haïtiennes, n'avoir aucune connaissance de la carte maritime et/ ou marine d'Haïti.

Une nuit noire, d'encre de chine, enveloppait l'équipage. Nulle lueur d'une ampoule électrique. Dans des maisons rustiques, pas trop loin du rivage, de faibles flammes vacillantes dégagées par des lampes à kérosène laissaient comprendre aux passagers et au capitaine Cristopher que le bateau se trouvait non loin des côtes. Ces « lucioles » servirent de guides, de points de repère au timonier du *Johnny Express* qui arriva enfin à toucher Petite Rivière de Dame-Marie, bourgade située à cinq (5) kilomètres au nord de la ville de Dame-Marie.

Par mesure de prudence, les guérilleros avaient décidé de toucher le sol en un point assez éloigné dudit village. L'ancre jetée, ils prirent les dispositions nécessaires pour sécuriser la troupe et leur matériel de guerre à bord d'un canot pneumatique qui dut effectuer trois (3) allers et retours difficiles, mouvementés pour tout débarquer.

Marcel Numa, une nouvelle fois, nous fournit les détails au sujet de la quantité de matériels débarqués :

« 15 carabines M1 dont 5 automatiques, un fusil M1, une mitrailleuse cal. 30, une caisse de grenades, 10 ou 15 bâtons de TNT, 20 bâtons de dynamite, 30 capsules détonantes, 2 piles de 6 volts, un revolver Luggër, un fusil 22, 2 trousses de premiers-secours, 150 livres de plastic, 2 petits radios transmetteurs-récepteurs de 1 km de portée, un gros appareil transmetteur-récepteur de 900 miles de portée, des cartes de la République d'Haïti et une grande quantité de cartouches correspondant aux armes signées USA. » (Prosper Avril, *op cit.*, p. 424)

Cet important lot de matériel de guerre répondait bien aux besoins de la mission confiée au groupe paramilitaire pour pouvoir atteindre les objectifs visés : s'emparer du terrain d'aviation de Jérémie, occuper la caserne, donc la ville, faire sauter le pont de la rivière Grand'Anse, donc isoler le chef-lieu de ce département géographique du reste du pays, y constituer une tête de pont en attendant la réception de renforts en hommes et matériels divers. Il n'était jamais question de prendre le maquis dans les montagnes boisées, au milieu de la végétation luxuriante et sauvage de la Grand'Anse, en charriant d'aussi encombrants équipements !

Le lendemain mercredi 6 août à cinq (5) heures du matin, la phase du débarquement était terminée. Le charismatique leader, père Jean-Baptiste Georges, qui avait tenu à accompagner les braves guérilleros jusqu'à destination, une fois à Petite Rivière de Dame-Marie, avait rebroussé chemin, bien imbu des nombreuses difficultés à surmonter par le commando pour la mise en train du plan adopté, suite à cette malencontreuse dérive. À bord du même *Johnny Express*, il était retourné à Miami, laissant la troupe déployée sous le commandement de Gusley Villedrouin, le chef militaire, assisté de Gérald Brière, le commissaire politique.

Dans la lueur laiteuse de l'aube, dans un décor agreste sans pareil dans les Antilles, les paysans de la région à peine réveillés s'apprêtaient à vaquer à leurs activités quotidiennes. Certains d'entre eux ne pouvaient s'empêcher de s'interroger sur la présence suspecte, donc indésirable, de treize (13) individus vêtus tous de treillis, c'est-à-dire d'un costume vert olive, armés de pied en cap, à Petite Rivière de Dame-Marie, village situé à quelques kilomètres des Irois où il y a cinq (5) années déjà (août 1959) avaient débarqué trente (30) Cubains barbus armés.

« Chat échaudé craint l'eau froide », les paysans naturellement se méfiaient des « envahisseurs », lesquels, désemparés, inquiets, s'étaient empressés de leur déclarer « qu'ils sont des envoyés du gouvernement de Duvalier ».

Les héros ne sont jamais paniqués ; ils avaient gardé leur sang-froid, ils n'avaient point humilié, intimidé ni tué personne, comme l'avaient fait d'autres avant eux ! Au contraire, ils entreprirent de chouchouter la population, de flatter les uns, de mettre en confiance les autres, de se montrer sympathiques, généreux, prodigues même, en distribuant de l'argent aux dames, en louant les services de quelques hommes, des chevaux et des mulets en vue d'assurer le transport de leur lourd matériel de guerre.

Le charme envoûtant « des envoyés du gouvernement » avait, au départ, rassuré la population ; l'argent distribué à gogo - atout sûr pour réussir partout et en tout - leur avait donné l'impression qu'ils avaient convaincu tout le monde, grands et petits, hommes et femmes, catholiques, vaudouisants et protestants.

Les guérilleros de *Jeune Haïti* avaient décidé de s'engager dans la direction du Nord, de traverser monts et rivières pour tenter de réparer le mal, d'atteindre et d'occuper le terrain d'aviation puis la ville de Jérémie comme il leur avait été ordonné. Mais vu la distance qu'il leur fallait parcourir à cette fin, leur lourd matériel les gênait énormément.

Néanmoins grâce aux aides reçues sur place auprès des paysans de la zone, les combattants de *Jeune Haïti* purent effectivement prendre la direction de la ville de Jérémie, atteindre après des heures de marche et de chevauchée, la localité baptisée « Lesson » où fonctionnait un établissement scolaire très connu dans le département de la Grand'Anse, « l'Internat Rural de Lesson », dirigé par le père Raoul Lefèvre, absent ce jour-là.

« *À Lesson, sur notre demande, nous fûmes conduits à la demeure du Père Lefèvre. L'idée était de déposer chez lui le surplus de bagages... Nous y avions laissé une caisse de balles et deux pardessus* », confie Marcel Numa.

Ceci fait, nos héros quittèrent ce décor champêtre pour occuper Montagnac, une colline qui domine la contrée de Chambellan, où ils se reposèrent durant la nuit du 6 au 7 août. Ils étaient tous très fatigués n'ayant pas eu l'opportunité de dormir la veille, la nuit dernière. Avant de lever la marche, Gusley Villedrouin ordonna à la troupe de laisser, pour être récupérée plus tard, une plus forte quantité de matériel en un point identifié de l'endroit en vue de se rendre plus à même d'affronter l'ennemi qui, sûrement, était déjà en route pour venir à leur rencontre.

Cependant, durant le trajet du commando de Petite Rivière de Dame-Marie à Lesson les porteurs improvisés avaient, de temps à autres, jeté par terre des cartouches, des boites de conserve, des produits pharmaceutiques, des objets divers. Les porteurs ou guides paysans semblaient les jeter volontairement dans les buissons, les halliers. Il y régnait un tel désordre lors de cette chevauchée fantastique qu'une grenade jetée fut ramassée par un paysan pensant bien faire. Il fut déchiqueté par la déflagration. Un rapport reçu par l'État-major des troupes en campagne apporte des explications sur l'incident :

« Des miliciens de Dame Marie, revêtus de toutes sortes de déguisement, avaient déjà atteint les environs, espionnant paroles, faits et gestes de ces faux miliciens et mettant en garde les habitants. Le résultat de leur action ne se fit pas attendre longtemps. Quand il fallait continuer la route, un porteur manquait à l'appel. Ainsi une mallette, une boite de munitions, une sacoche à pansements furent abandonnés sur la cour. Ces objets constituent la première capture des miliciens, le premier butin de guerre qui fut acheminé aux casernes de Dame Marie. »

Dès lors, les choses avaient pris une autre allure. En effet, sitôt informé par qui de droit de l'incursion sur les côtes d'Haïti de gens armés nourrissant des intentions belliqueuses, le gouvernement haïtien avait ordonné aux forces armées du pays d'accomplir leurs devoirs constitutionnels : garantir la paix intérieure, « défendre l'Intégrité du Territoire et la Souveraineté de la République », etc.

Les unités des districts militaires de la région de la Grand'Anse, alertées et mobilisées, étaient rejointes par celles de Port-au-Prince dépêchées sur les lieux. Les hostilités n'allaient pas tarder à bouleverser toute la contrée, à changer le courant de l'Histoire nationale.

B.- LA BATAILLE DE PRÉVILÉ

Le jeudi 7 août 1964, les troupes régulières arrivées à Chambellan à midi, avaient reçu l'ordre formel d'attaquer sans répit les rebelles, de les pourchasser de village en village, de les terrasser, vaincre, anéantir par tous les moyens.

Les treize (13) guérilleros de *Jeune Haïti*, campés à « Julie », un monticule ou « blockhaus naturel » dominant le bourg de Chambellan et sa périphérie, embusqués et protégés par la dense végétation, guettaient les mouvements et l'avancée des militaires ennemis qui rôdaient aux alentours, contournaient les embuscades dressées ou imaginaires, les poursuivaient surtout en vue de les décimer, les tuer les uns après les autres.

Cependant, les troupes régulières n'avaient pas encore une idée exacte, précise de la force réelle des grenadiers de *Jeune Haïti.* Aussi n'avaient-ils pas osé les attaquer de front ni s'aventurer précipitamment dans les mornes boisés pour en les poursuivant. Elles avaient plutôt adopté une attitude d'évaluation militaire de la situation.

Dans la soirée, pensant que leur géniale stratégie avait été découverte et constatant que les soldats, à chaque occasion, avaient réussi à éviter les pièges tendus, les rebelles abandonnèrent Julie et se rendirent subrepticement à Chambellan aux fins de tenter d'attaquer par surprise les troupes gouvernementales. Entraînés également pour le combat nocturne, ils pensaient les surprendre au cours de la nuit. Peine perdue. Ils ne trouvèrent pas un seul soldat dans le petit bourg. Même les habitants, constatant que l'armée poursuivait les rebelles et que la guerre était aux portes de leur village, avaient abandonné leurs maisonnettes, déserté les lieux. Déconcertés, Gusley Villedrouin et ses hommes résolurent alors, à l'aube du 8 août, de poser quelques actes pour marquer leur passage à Chambellan. Marcel Numa expose les actions accomplies au cours de cette journée :

« *Le lendemain* (du 6), *nous apprîmes que les forces gouvernementales étaient à Chambellan. Alors, Gusley, le chef, ordonna, pour nous faciliter la marche, d'abandonner une forte quantité de matériel que nous pourrions venir reprendre dans la suite. Un guide nous conduisit sur un monticule près de Chambellan où nous descendîmes dans la nuit du vendredi 7 au samedi 8 août 1964. Nous frappâmes en vain à quelques portes. Le matin, nous trouvâmes la caserne, tirâmes quelques cartouches, puis nous nous rendîmes à la Mairie où nous nous emparâmes de grandes quantités de vivres, puis aux Contributions où nous prîmes tout l'argent qui se trouvait dans un coffre que nous fîmes sauter.* » (Prosper Avril, *op. cit.*, pp. 424, 425)

Tandis que les rebelles étaient campés dans le village de Chambellan et mettaient en pratique l'un des principes de la guérilla en sabotant les bureaux publics du village, les troupes gouvernementales patrouillaient aux alentours. Tôt dans la matinée, elles prirent la direction de cette localité.

Informés de cette nouvelle, les rebelles qui venaient à peine d'y exécuter les actes de sabotage, se rendirent à la rivière Grand'Anse qu'ils traversèrent à gué. Ils se trouvaient assez loin de Chambellan lorsque les troupes régulières qui les poursuivaient entreprirent, elles aussi, de franchir la rivière. Malgré la distance qui les séparait d'eux, les braves de Gusley arrosèrent les soldats d'une grêle de balles les obligeant à battre en retraite. Aucune victime n'avait été déplorée dans les rangs des troupes gouvernementales, après cette action.

Après la traversée de la rivière Grand'Anse, les rebelles regagnèrent la montagne. Leur moral excellent, ils se sentaient plus agiles, mobilisés, déterminés et heureux après s'être allégés de leur surplus de matériel. Très mobiles et insaisissables, ils se croyaient alors invincibles, invulnérables !

Le fait d'avoir franchi la rivière Grand'Anse représentait pour les envahisseurs un acquis important, vu que cette initiative leur ouvrait la voie à toutes les actions possibles, imaginables, même l'occupation du terrain d'aviation de Jérémie dans un proche avenir.

Toutefois, on doit noter que l'abandon du matériel de guerre à Lesson et Montagnac, n'ayant pas été opéré selon les normes prescrites en la circonstance, constitue un point très négatif pour les guérilleros de *Jeune Haïti,* car cet important lot d'armes modernes, de munitions, d'explosifs et de documents avait été saisi, le lendemain, par les forces gouvernementales, promptement informées de l'endroit où il se trouvait. Le groupe de guérilleros commandé par Gusley Villedrouin se leurrait en pensant retourner sur les lieux pour tout récupérer.

Il y a lieu de considérer également que la quantité, la qualité et la nature du matériel abandonné représentaient pour les forces régulières d'Haïti une prise de taille « miraculeuse » : une mitrailleuse cal. 30, une carabine cal. 30, un fusil automatique 22, des bâtons de dynamite, des capsules détonantes, des dizaines de livres de plastic, un appareil radio, des munitions et, ce qui était jugé plus important : une valise bourrée de documents.

Entre les mains du commandant militaire des troupes en campagne dans la Grand'Anse, ces « butins de guerre » (armes, munitions, explosifs, dossiers et documents) offraient aux troupes gouvernementales un avantage certain sur les guérilleros. Non seulement ces derniers allaient souffrir d'une perte considérable de leur puissance de feu, mais la possession des documents constituait une source de renseignements utiles et importants pour l'armée d'Haïti qui, dès lors, disposait d'un arsenal d'informations susceptibles de faciliter l'action des troupes sur le terrain.

En effet, le commandement des troupes en campagne était désormais bien informé du nombre exact des rebelles débarqués, du type et de l'origine des armes dont ils disposaient, de l'identité de certains d'entre eux, de leurs complices en Haïti, etc., autant d'informations trouvées dans les paperasses et les documents recueillis ou saisis qui faisaient état également, ô miracle ! de leur mission et du plan de l'opération à exécuter sur le terrain.

Le 9 août, les héros de *Jeune Haïti* étaient parvenus à occuper « Morne Grangé ». Leur présence insolite en ce lieu signalé au commandant des troupes gouvernementales, un avion P-51 des F.A.D'H. envoyé en mission, effectua une mitraillade en règle de leur position. Si aucun dégât sérieux n'y était commis, aucune victime humaine enregistrée, l'intervention brutale de l'appareil, néanmoins, avait forcé les rebelles à se déplacer immédiatement, à s'enfoncer plus profondément dans les bois, vers Prévilé, une localité rurale située à environ vingt-cinq kilomètres au sud de la ville de Jérémie, sur la route qui conduit au terrain d'atterrissage de cette ville en passant par Marfranc.

Les habitants de Prévilé connaissaient très bien Louis Drouin qui avait travaillé jadis dans la région. Aussi avaient-ils accueilli à bras ouverts « les étrangers » en treillis qui en profitèrent pour se refaire les forces.

Les 10 et 11 août s'écoulèrent sans que fût signalé ou rapporté un quelconque fait remarquable. Les forces régulières, réparties en petites unités ne dépassant pas vingt (20) hommes, ne pouvaient engager le combat, le corps à corps avec les compagnons de Gusley Villedrouin qui se montraient trop mobiles, prudents, intelligents. Renseignés, en outre, par les paysans amis ou sympathisants sur la position des troupes gouvernementales, les rebelles de *Jeune Haïti* avaient pris plaisir à leur tendre des embuscades, à la vérité, sans grand danger pour les soldats réguliers informés eux aussi par leurs vigies et limiers, de leurs manœuvres.

Dans la matinée du 12 août, de nombreux paysans étaient venus visiter les rebelles à Prévilé. Dans un élan d'affection, de sympathie agissante, ils leur avaient apporté des fruits, des légumes, du lait, des œufs, des provisions de bouche. Ils étaient si aimables et chaleureux envers eux, voire bruyants, que Réginald Jourdan, craignant que cet attroupement pacifique ne leur causât des préjudices, avait tiré des coups de feu en l'air pour les disperser, évacuer.

Coups de feu ? Une grave erreur commise inutilement.

Ayant eu connaissance, grâce aux documents saisis, du plan des rebelles d'occuper le terrain d'atterrissage de Jérémie, le commandement des troupes venait précisément de signaler Prévilé à une unité sur le terrain comme un point important à contrôler car, se trouvant sur l'axe Prévilé - Marfranc - Terrain d'aviation. Une troupe de quinze (15) soldats de l'Armée se trouvait déjà en route en direction de cette bourgade. À cause de la rafale tirée par Jourdan, la position stratégique des rebelles fut immédiatement découverte, détectée, révélée aux forces régulières qui levèrent la marche, se rapprochèrent de Prévilé où avaient résonné les coups de feu.

Des paysans informés des nouvelles de Jérémie avaient appris à Louis Drouin l'arrestation et l'emprisonnement des membres de sa famille. Enhardi par les succès successifs obtenus depuis son débarquement à Petite Rivière de Dame-Marie, et le fait par les militaires d'avoir, jusque-là, évité tout corps à corps avec leur groupe, les treize (13) héros grand'Anselais proposèrent alors au camarade Milou de diligenter un commando pour se rendre à Jérémie, y effectuer un raid en vue de libérer les siens.

La proposition soumise, discutée, adoptée, trois (3) éléments du groupe furent choisis pour accompagner Louis Drouin et remplir la mission : Charles Forbin, Jean Gerdès, Mirko Chandler. Mais Louis Drouin, le principal concerné, jugeant l'entreprise trop hasardeuse, aventureuse, abandonna l'idée. Yvon Laraque s'offrit pour le remplacer et les quatre (4) camarades, malgré les réticences exprimées par Louis Drouin, résolurent d'accomplir eux-mêmes cette mission impossible et se mirent immédiatement en route.

Le commandement des forces gouvernementales, à la réception de l'information faisant état que les rebelles gîtaient dans les hauteurs de Prévilé, avait ordonné à l'unité forte de quinze (15) hommes, qui se trouvait dans le secteur, de les anéantir, et chargé un avion militaire de reconnaissance de survoler la zone en vue de bien localiser leur bivouac et de le signaler à la troupe.

Dès l'apparition de l'avion désigné, un AT-6 du Corps d'Aviation, au-dessus de la région boisée, Gusley Villedrouin et Charles Forbin entreprirent de le mitrailler. Grièvement atteint, l'appareil eut son réservoir d'essence troué de balles et son moteur très endommagé, voire abîmé. Son pilote, le lieutenant Fénelon Etienne, eut la vie sauve « miraculeusement » en effectuant un atterrissage forcé et réalisé l'exploit de ramener l'avion à sa base sur le terrain de Jérémie. Bravo lieutenant Etienne !

Les coups de feu tirés par les guérilleros pour abattre l'avion avaient eu pour effet d'indiquer à la petite troupe de soldats réguliers leur position exacte ; à bon escient, celle-ci s'y dirigea et bientôt occupa une colline en vue d'évaluer les lignes d'action possibles à entreprendre tout en dépêchant en avant une patrouille pour la reconnaissance des lieux.

Quelques heures plus tard, la patrouille revint informer de l'incursion d'un groupe de quatre rebelles dans la périphérie de la colline où les troupes régulières étaient camouflées, embusquées. La décision fut alors prise de leur tendre une embuscade.

La position occupée était jugée idéale pour l'exécution de pareils types d'opération militaire : la zone était protégée par une plantation de caféiers touffus, d'accès difficile, le chemin de terre emprunté par les rebelles se trouvait en contrebas de la colline. Au nombre de quatre (4) effectivement (ceux qui s'étaient donné pour mission de se rendre à Jérémie aux fins de libérer les membres de la famille Drouin), heureux et confiants, insouciants du danger, ils s'approchaient du piège dressé, marchant l'un derrière l'autre.

À portée de tir, les quatre (4) rebelles allaient tomber dans l'embuscade quand, par excès de zèle, émotion ou manque d'expérience, un soldat, sans réfléchir une seconde aux conséquences de son acte posé, avait ouvert le feu avant d'en avoir reçu l'ordre de son commandant. En principe, cet ordre verbal n'est donné en pareille circonstance que lorsque le contingent ennemi se trouve d'emblée dans le cône de feu de l'unité embusquée.

Ce tir précipité avait la vertu d'alerter les rebelles piégés qui, alors, avaient pu se défendre vaillamment, riposter fermement et battre en retraite. Seul Yvon Laraque à la tête de la colonne, atteint de plusieurs balles, avait été abattu. Ses compagnons, assez fortunés, en déchargeant leur arme moderne par rafales ininterrompues, et en opérant un repli ordonné, avaient pu se dégager et s'enfuir en récupérant et emportant l'arme de leur camarade Laraque tombé.

Clotaire Tattegrain, un soldat des forces gouvernementales, au cours du bref engagement, avait reçu une décharge en pleine poitrine. Il avait succombé, victime de son inexpérience : son fusil mitrailleur enrayé, l'infortuné soldat, paniqué et énervé outre mesure, avait révélé sa position en effectuant des manœuvres maladroites et excessives pour pouvoir réparer à temps son arme.

À proprement parler, il n'y eut pas « une bataille » mais plutôt un accrochage ou une escarmouche qui n'avait duré que l'espace d'un cillement. Après quelques brèves minutes, « le combat avait cessé, faute de combattants », les camarades d'Yvon Laraque s'étaient égaillés dans la nature, laissant son cadavre sur le terrain.

Ainsi s'acheva la « bataille de Prévilé », premier accrochage entre les guérilleros de *Jeune Haïti* et les forces gouvernementales. Bilan : Un soldat des *Forces Armées d'Haïti* et un guerrier de *Jeune Haïti* tombés au champ d'honneur. Un vaillant combattant tué, les armes à la main, dans chaque camp et un avion de l'État haïtien sérieusement endommagé.

Que gloire et honneur leur soient rendus ensemble !

Marcel Numa relate ces événements vécus :

« *Dans l'après-midi de ce jour, l'avion de reconnaissance survola notre emplacement pendant plusieurs fois ; Gusley s'énerva, prit son fusil M1 et tira un chargeur. Puis, Charlie l'imita : l'avion s'en alla. Une demi-heure plus tard, nous entendîmes un feu nourri ; nous crûmes que nous étions encerclés et voulûmes gagner les mornes... Quelques instants plus tard, Charlie, Gerdès et Mirko revinrent avec l'arme de Yvon Laraque qui avait été tué... Après la bataille de Prévilé, nous regagnâmes les mornes.* » (Prosper Avril, *op. cit.*, p. 425)

Le problème de la défense de l'axe Prévilé - Marfranc - Terrain d'aviation avait été résolu par ce premier accrochage. L'action des troupes gouvernementales à Prévilé avait enlevé aux envahisseurs la possibilité d'atteindre leur objectif premier : Jérémie et son terrain d'atterrissage.

Aussi, Gusley Villedrouin, devant le fait accompli, mais résolu de continuer le combat, avait-il ordonné à ses hommes de regagner les mamelons boisés de la montagne, décidé de porter la guerre sur l'autre versant de la presqu'île du Sud. La zone septentrionale du massif de la Hotte étant jugé trop encombrée de troupes régulières déléguées par le gouvernement, il fallait vite décamper, traverser de l'autre côté du versant montagneux vers des cieux plus cléments, plus hospitaliers.

Ils étaient maintenant douze (12) guerriers. Les équipements et matériels abandonnés étaient irrémédiablement irrécupérables. Ceux dont ils disposaient n'excédaient pas la quantité qu'ils pouvaient transporter individuellement. Ils se montraient très mobiles dans leurs déplacements. Étant encore bien pourvus en numéraires, ils pouvaient encore tenir dans les bois en faisant leurs approvisionnements en nourriture, en vivres alimentaires sur place, chez les paysans des zones qu'ils traversaient.

B.- LA BATAILLE DE LA CAHOUANE

La « bataille de Prévilé » avait été considérée comme une victoire par le président Duvalier. L'impact psychologique que le décès du premier rebelle avait exercé sur la population haïtienne avait produit un effet positif pour le gouvernement. Malgré l'incident de l'avion AT-6 et la mort du soldat Tattegrain, cet événement lourd de conséquences avait été exploité adroitement par la machine de propagande du pouvoir pour accréditer la thèse du total contrôle militaire de la situation, de la victoire prochaine du gouvernement sur les forces de l'opposition et aussi - par ricochet - pour décourager tout support éventuel à ces rebelles.

Par contre, la mort d'Yvon Laraque avait produit un effet désastreux sur le moral des combattants de *Jeune Haïti* d'autant qu'ils n'avaient pas eu la satisfaction de lui rendre un dernier hommage, ni l'opportunité de lui offrir une sépulture décente. Après la bataille de Prévilé, certains d'entre eux avaient exprimé ouvertement leur volonté d'abandonner la lutte, de quitter subrepticement la Grand'Anse, de retourner aux États-Unis.

Nous ne pouvons blâmer leurs comportement et décision ni les traiter de lâches, de défaitistes parce que, plus d'une semaine après le début des opérations sur le terrain, ces braves guerriers étaient sans nouvelles de leur base américaine ; aucun contact n'avait été établi avec leurs patrons et dirigeants, aucun signe à l'horizon de réception du ravitaillement pourtant formellement promis !

Nos héros, angoissés, inquiets, se voyaient donc livrés à eux-mêmes, abandonnés à leur sort. Rongés par l'anxiété, par ces questions posées restées sans réponse, par le désespoir pour plusieurs d'entre eux, ils avaient, à contre-cœur, entrepris, sur ordre de leur chef Gusley Villedrouin, de marcher afin d'occuper le pic Macaya où ils devaient camper, bivouaquer pour se lancer dans une véritable guerre de guérilla contre les troupes de l'armée, comme l'avait suggéré Louis Drouin. Mais pour relever ce défi, le problème du ravitaillement à temps - le vrai nœud gordien - devait être a priori résolu : d'où la nécessité d'établir en toute urgence des contacts par tous les moyens avec les décideurs de l'organisation à New York.

Marcel Numa, une nouvelle fois, explique :

« *Notre premier objectif : Jérémie, n'ayant pas été atteint, nous nous fixâmes un second : Macaya. Là, nous ferions une halte de trois jours pour des contacts en vue de nous rendre à Mazenod où nous pourrions établir notre campement, à cause de l'immense facilité du terrain pour recevoir le « supply » promis et aussi parce que les prêtres de Mazenod ont un appareil de radio qui correspond régulièrement avec Boston.* » (Prosper Avril, *op. cit.*, p. 425)

Cependant, la décision d'établir le campement à Macaya n'avait pas reçu l'agrément des douze (12) camarades. Si Louis Drouin et Gérald Brière, voulaient continuer la lutte comme l'entendait le chef militaire Gusley Villedrouin, les autres avaient décidé de tout abandonner et de faire leur possible pour quitter le terrain et retourner à New York. Ils n'avaient plus la foi ; leur confiance se trouvait ébranlée depuis la disparition de leur camarade Yvon Laraque ; leur âme de révolutionnaire dévoué à la rédemption d'Haïti était profondément rongée par le doute et le découragement.

De vives discussions furent alors engagées entre les membres de cette même et unique équipe : ce fut bien leur premier désaccord ! C'était humain ! « Nul ne se connaît tant qu'il n'a pas souffert », a écrit le philosophe et poète Alfred de Musset.

Première crise : leur premier grave conflit interne ! Certains d'entre eux accusaient ouvertement leur chef Gusley Villedrouin d'avoir échoué piteusement pour n'avoir point réussi à mettre à exécution le plan approuvé par les responsables de New York, lequel concernait la prise de la ville de Jérémie.

Et voilà que, à présent, Gusley leur avait intimé l'ordre d'occuper militairement le pic Macaya : une option qui exigeait de lourds sacrifices à cause de l'impraticabilité des chemins vicinaux et des routes d'accès difficile, du climat peu clément, des zones inhabitées, des sols rocailleux peu propices à la plantation de vivres alimentaires, de la basse température qui au cours de la nuit, sans les vêtements appropriés, devenait totalement insupportable, de la pénurie d'eau potable, etc.

Une crise de commandement se produisit. Le chef militaire du groupe ne pouvait plus faire respecter ses ordres et décisions de poursuivre la lutte armée à Macaya. Aussi, la majorité décida-t-elle, après maintes palabres, de limoger Gusley Villedrouin et de le remplacer par Réginald Jourdan.

Réginald Jourdan, son sobriquet « Bobby », choisi comme le nouveau chef militaire du groupe, était un guérillero chevronné et très respecté qui avait participé, alors âgé seulement de seize (16) ans, à la guerre de guérilla menée par Fidel Castro à Cuba contre le président et général Fulgencio Batista.

Révolutionnaire discipliné, Gusley Villedrouin avait accepté sans maugréer la décision de la majorité. Gérald Brière, lui, conservait son poste de commissaire politique.

Le problème de commandement résolu à la satisfaction des douze (12) membres de l'équipe, les camarades de Réginald levèrent la marche, prirent la direction de la région appelée « la côte » en nourrissant l'espoir de trouver une aubaine pour quitter Haïti.

Marcel Numa fait une description de l'ambiance qui régnait au sein du groupe en ces moments cruciaux, étale les raisons qui avaient justifié le limogeage du chef militaire Villedrouin et dévoile l'intention du commando d'abandonner la lutte et de s'enfuir par la mer :

« *Des discussions. Gusley fut accusé d'avoir échoué dans l'exécution du plan. Macaya est trop loin. Certains d'entre nous veulent rentrer à New York, et ils sont les plus nombreux. Milou, Géto et Gusley veulent rester en Haïti pour continuer la lutte ; Macaya est rejeté. Décision : on met le cap sur les Anglais. Gusley est limogé. Bobby (R. Jourdan) nommé chef, et l'on prend la direction des Anglais d'où l'on pourra, à bord d'un quelconque voilier, se diriger vers New York.* » (Prosper Avril, *op. cit.*, pp. 425, 426)

Le trajet de Prévilé vers la côte Sud à pied fut très pénible, harassant. Les rebelles avaient été obligés de fouler des terrains rocailleux, de traverser des terres arides, difficiles d'accès. En outre, la nouvelle ambiance enfantée par le conflit interne avait alourdi « l'atmosphère amicale » qui existait auparavant entre ces camarades. De plus en plus maussades, nerveux, inquiets, ils se parlaient peu, ne s'adressaient plus les uns aux autres.

Le moral très élevé avant la « bataille de Prévilé » s'était amenuisé. Il pouvait être considéré comme « mauvais, très bas ».

En outre, il fallait gérer la pénurie, la précarité. Réginald Jourdan dut imposer à ses hommes un régime diététique très sévère (contrôle et distribution d'eau et de nourriture), les priver de bien d'autres agréments ou plaisirs passagers.

Marcel Numa nous parle de leur lamentable situation, des tribulations endurées par les siens durant ce voyage inconfortable :

« *Cette traversée a été particulièrement pénible,* dit-il. *Pas de maisons ni aucune trace de culture agricole, aucune eau pour étancher notre soif, et pour apaiser notre faim, nous étions obligés de nous nourrir de mabouyas (lézards, reptiles), d'anolis et de trognons (cœurs) de tayos (tubercules comestibles).* » (*Idem,* p. 426)

Enfin, après deux (2) jours de marche forcée, éreintante, épuisante, les guerriers de *Jeune Haïti* arrivèrent sur une verdoyante colline de rêve qui dominait la ville baptisée Les Anglais. Mais quelle surprise désagréable pour eux : Ils étaient tombés de Charybde en Scylla : Alors que soulagés, heureux, ravis, ils contemplaient le bleu de la mer au loin, ils avaient bien vite identifié une vedette des Garde-côtes d'Haïti effectuant une patrouille au large des côtes méridionales.

Déveine ? Malencontreuse coïncidence ? Point du tout.

Dès le 16 août 1964, après la bataille de Prévilé, l'intention arrêtée des rebelles de se diriger vers Macaya ou Les Anglais sur la côte Sud avait été rapportée au quartier-général des troupes gouvernementales. Aussi des instructions avaient-elles été passées aux différentes unités sur le terrain de :

- barrer la route des Anglais ;

- occuper Macaya ;

- bloquer les côtes du sud par la mer.

En outre, pour un meilleur contrôle des opérations dans ce secteur, la décision a été prise de transférer le quartier-général des troupes du local du district militaire de Jérémie à celui du sous-district militaire de Port-à-Piment, une ville située sur la côte sud.

À cette fin, deux (2) unités fortes de quinze (15) hommes chacune ainsi que le matériel d'installation du quartier-général des troupes à son nouveau site étaient embarquées à bord du GC-8, un navire des Garde-Côtes, à destination de Port-à-Piment sur la côte sud. Des deux (2) unités, l'une était destinée à la défense du quartier-général après son établissement et l'autre chargée d'investir la zone des Anglais.

Le lendemain 17 août, le quartier-général des troupes en campagne était installé à Port-à-Piment et, le 18 août, l'unité destinée à la zone des Anglais, avait investi une localité toute proche de cette ville, La Cahouane, ignorant que les rebelles étaient tout près. En outre, conformément aux instructions, le GC-8 patrouillait la côte Sud pour bloquer toute velléité de fuite des rebelles par la mer.

À la vue de ce patrouilleur des Garde-côtes, un désespoir subit avait envahi les braves guérilleros de *Jeune Haïti* :

« *Le découragement s'était emparé de nous en voyant une unité des Garde-côtes d'Haïti qui patrouillait au large,* avoua Marcel Numa. *Nous étions très paniqués, pourtant, nous mîmes le cap sur la Cahouane, toujours avec l'espoir de découvrir sur le rivage un voilier ou un canot pour notre fuite.* » (*Idem*, p. 426)

Face à cette situation, le brave Réginald Jourdan, le nouveau chef, avait jugé bon de relever le moral de ses camarades. Il leur fit alors cette harangue : « Grenadiers à l'assaut ! Pour sauver Haïti de l'enfer de la tyrannie, pour le bonheur sans nuages du peuple haïtien, combattons l'ennemi jusqu'à notre dernier souffle ! Vive la Nouvelle Haïti, grâce à nous, de *Jeune Haïti !* »

Bobby avait parlé comme le général Dessalines à la Crête-à-Pierrot, ses braves guerriers se ressaisirent et jurèrent d'une seule voix de « vaincre Duvalier ou mourir, les armes à la main !»

Le moral relevé par les paroles encourageantes de Jourdan, les guérilleros de *Jeune Haïti* étaient arrivés le 15 août à Béraut, un monticule dominant la Cahouane. Ils y avaient établi leur campement, attendant avec confiance des circonstances favorables pour s'approcher du rivage, tenter de tromper la vigilance du patrouilleur sur place et mettre à exécution leur projet de quitter le théâtre des opérations. Cependant, après trois (3) jours sur cette position, alors que l'angoisse et la faim les tenaillaient, le destin n'avait daigné leur offrir l'occasion de repérer ce rafiot salvateur.

En fin de compte, Réginald Jourdan qui avait gardé son sang-froid, pour éviter que ses hommes ne mourussent d'inanition, prit, le 18 août, la courageuse décision de se rendre au bourg de la Cahouane, accompagné de sept (7) de ses camarades pour tenter de s'approvisionner, acheter de quoi se nourrir. Il laissa dans le campement Marcel Numa, Louis Drouin, Roland Rigaud et Jean Gerdès.

Jourdan et ses hommes s'avancèrent à pas de loup vers le village en prenant toutes les précautions nécessaires. Chemin faisant, des paysans rencontrés les informèrent de la présence dans le bourg de troupes gouvernementales. Certains des soldats arrivés dans la matinée du jour, en effet, étaient logés chez une certaine Madame Dépas qui leur préparait à manger.

Aucun guérillero de *Jeune Haïti* n'avait peur ! Au contraire ! Leur instinct guerrier se réveilla sur-le-champ. Vers trois (3) heures de l'après-midi, ce 18 août, ils entrèrent dans le bourg de la Cahouane, s'informèrent adroitement du lieu où bivouaquait la troupe gouvernementale.

Insouciants du danger qui les guettait, les soldats de l'armée d'Haïti ne pouvaient penser que les rebelles étaient tout près d'eux.

Réginald Jourdan décida d'attaquer par surprise un poste avancé composé de six (6) soldats et établi près de l'Eglise du village. Ces derniers furent bientôt encerclés, pris en tenailles dans une tactique d'enveloppement : une équipe de quatre (4) hommes opérèrent un détour sur le flanc gauche, une autre attaqua de front. Ensemble, ils ouvrirent un feu nourri sur ces soldats qui n'eurent même pas le temps de riposter.

Leur coup réalisé si ingénieusement, les rebelles opérèrent un retrait rapide, prirent la poudre d'escampette, quittèrent promptement les lieux pour éviter le combat avec les autres soldats réguliers, certainement en grand nombre qui se trouvaient sur la place.

Conjoncture militaire, belliqueuse, inattendue. Bilan : trois (3) soldats morts et un (1) autre blessé.

Du côté des rebelles : zéro mort, zéro blessé. Raid réussi à 100%.

Cet exploit accompli, les rebelles heureux, satisfaits, comblés d'espoir et bouffis d'orgueil, regagnèrent immédiatement les mornes en emportant dans leur fuite deux (2) des armes des soldats tués (un fusil mitrailleur et un fusil M1) et deux (2) chaudières remplies de la nourriture préparée par la dame du bourg engagée par les militaires.

Première victoire pour les rebelles, cette fois-ci éclatante, à un moment où ils ne pensaient qu'à abandonner le terrain de la guerre. Ces nouvelles données allaient tout changer, remonter le moral chancelant des douze (12) héros de *Jeune Haïti* qui se crurent alors à même de vaincre le diable et le bon Dieu.

Le récit de Marcel Numa, resté avec les trois (3) autres sur leur position au sommet de la colline, est édifiant :

« *Vers 3 heures de l'après-midi, nous entendîmes, Milou, Roland, Gerdès et moi, des rafales. Une demi-heure après, notre groupe revenait sain et sauf, avec un bon butin consistant en un fusil mitrailleur, un fusil M1, deux chaudières contenant du riz, de la pintade, un petit cochon mort. Ils narrèrent le déroulement de la bataille au cours de laquelle trois soldats des forces du gouvernement furent tués respectivement par Bobby, Géto et Mirko. Armand déclara avoir blessé au moins un élément.* » (Prosper Avril, *op. cit.*, p. 426)

Le moral du groupe atteignit la gloire au zénith. Il n'était plus question d'abandonner la lutte, de s'enfuir. Ces jeunes compatriotes se sentaient de nouveau bien armés de courage pour continuer le combat.

De nouvelles conciliabules eurent lieu, d'autres dispositions furent arrêtées. Se rendant compte que Gusley Villedrouin n'avait pas tout-à-fait tort, ils se rallièrent à sa proposition : Occupation du Pic Macaya et établissement d'un foyer de guérilla.

Cette décision prise, les rebelles fixèrent comme objectif Immédiat de visiter l'établissement des pères Mazenod à Camp-Perrin afin de contacter les instances dirigeantes de l'Organisation, les informer de leur bonne fortune, régler le problème du ravitaillement. Gonflés d'orgueil, ils se mirent donc en route, choisirent le chemin des crêtes de montagnes, en direction de l'Est.

D.- L'EMBUSCADE DE KALIO

Bien tapis dans les bois dans les hauteurs aux mamelons boisés, les combattants de *Jeune Haïti* passèrent la nuit dans l'euphorie de la victoire. Ils purent manger copieusement, ce soir-là, grâce au riche butin rapporté de leur exploit guerrier à la Cahouane.

Le 19 août, tôt dans la matinée, frais et dispos, les rebelles reprirent le chemin de l'Est, le moral très élevé. Deux (2) paysans, fascinés par l'action extraordinaire accomplie par le groupe de guérilleros, résolurent de s'adjoindre à eux. Leurs noms : William Télémaque, alias Ti-Yoyo et Mérilor Jean-Michel, alias Ti- Kanson. Ils furent admis dans les rangs des rebelles et, bientôt, avec d'autres paysans recrutés, ils allaient être entraînés au maniement des armes. L'opération de recrutement de nouveaux combattants pour continuer la lutte patriotique avait débuté.

Le 22 août, des paysans informèrent les rebelles de la présence de troupes gouvernementales dans un village dénommé "Nan Cosse", localité assez éloignée de leur position. Ils s'apprêtèrent à s'y diriger pour investir cette place quand ils furent surpris, après deux (2) journées de marche, par le cyclone Cléo.

Obligés de s'abriter, vu la violence des vents, ils ont été immobilisés durant cinq (5) jours. Aucune action ne s'était produite pendant cette période de tourmentes cycloniques.

Après le passage de Cléo, le commandant Jourdan décida, sur les conseils de paysans qui lui servaient de guides, de se diriger vers Kalio, section rurale de la commune des Chardonnières, une bourgade idéale pour ravitailler son groupe en nourriture. Arrivés, dans la soirée du 28, dans cette localité, ils montèrent leur campement pour y passer la nuit et envoyèrent Ti -Yoyo en mission pour s'enquérir du climat, de l'atmosphère de la zone.

À 11 heures du soir, Ti -Yoyo revint et fit son rapport au chef Réginald Jourdan : « Pas trop loin de notre position, il y a un contingent de soldats qui se sont installés dans la propriété d'un paysan du nom de Mérilas. »

Gardant le secret pour Gérald Brière et lui, Jourdan attendit l'aube pour informer les autres camarades et prendre les dispositions nécessaires pour attaquer ce détachement révélé par Ti-Yoyo.

Jourdan et Brière avaient auparavant, accompagnés de Ti-Yoyo, effectué une reconnaissance des lieux et ce dernier leur avait bien indiqué la route que devaient emprunter les militaires lorsqu'ils auront à quitter la place. Grâce à ce précieux renseignement, dès 5 heures du matin, l'endroit pour monter une embuscade était choisi. La seule voie de sortie des militaires à partir de la maison de Mérilas ayant été piégée, le commandant Jourdan était prêt pour mener et réussir son opération de surprise.

Ainsi donc, en cette matinée du 29 août, avec le sang-froid qui caractérise une troupe bien entraînée, les hommes de Réginald Jourdan placés à leur poste respectif, assurés de leur victoire garantie par la surprise, attendaient calmement les militaires.

La configuration du terrain se prêtait volontiers à une embuscade. Les rebelles, bien planqués, dissimulés, cachés dans une plantation de caféiers qui dominait le sentier, ne pouvaient être vus des passants. En arrière de ce chemin vicinal se trouvait une falaise qui coupait toute retraite aux troupes de l'armée. N'était-ce pas une véritable aubaine pour les héros de *Jeune Haïti* ?

Les fureurs du cyclone Cléo apaisées, les militaires avaient repris leur marche. Arrivés vers 16 heures dans cette localité, ils avaient effectivement dressé leur bivouac sur la propriété de Mérilas, comme rapporté par Ti-Yoyo. Ils y avaient passé la nuit.

Au matin du 29 août, le commandant de la troupe avait décidé de reprendre la route. Avant d'ordonner le départ, il avait délégué deux (2) paysans en éclaireurs pour un contrôle des lieux. Vers huit (8) heures, la troupe leva la marche et quitta la propriété de Mérilas. Le commandant n'ayant pas attendu le retour des limiers envoyés en mission de reconnaissance avant de partir, il allait payer très cher cette bévue monumentale.

En effet, les deux (2) éclaireurs étaient surpris, appréhendés et faits prisonniers par les rebelles. Alors, l'unité militaire, fortes de seize (16) hommes sortis de l'unité la mieux entraînée de l'armée, les Casernes Dessalines, étaient tombés dans le piège tendu.

Contrairement aux manœuvres de l'embuscade ordonnancée à Prévilé, où un soldat des troupes gouvernementales avait ouvert prématurément le feu, ce qui avait fait perdre à cette action son efficacité, les rebelles, eux, s'étaient comportés comme de véritables professionnels de la guérilla. Ils avaient laissé avancer la troupe ennemie et attendu jusqu'à ce que celle-ci se trouvât en plein dans le cône de feu des hommes tapis au bord de la route.

Réginald Jourdan, se servant habilement du fusil mitrailleur (un "Browning Automatic Rifle" (BAR)) récemment pris aux troupes de l'armée à la Cahouane, ouvrit en premier le feu, un feu vraiment dévastateur. C'était le signal pour les autres d'en faire autant. Les militaires n'eurent pas le temps de tirer une seule cartouche. Quatre (4) d'entre eux, affolés, s'étaient jetés dans la falaise escarpée bordant la route, cinq (5) soldats tués, trois (3) blessés graves et trois (3) faits prisonniers.

Du côté des forces gouvernementales, étaient tombés au cours de ce combat : caporal Jean-Louis Elisée, soldats Germain Michelet, Gérard Exavier, Saintil Louidor et Jules Vital ; étaient blessés : Sergent Joseph Blot, soldat de 1ère Classe Daverman Bossuet et soldat Maurice Thomas ; et pour agrémenter le scénario, étaient faits prisonniers : le commandant de la troupe, le lieutenant Léon Achille, et deux (2) autres soldats, Gérard Surin et Julien Rochel.

Du côté des forces rebelles : morts : zéro ; blessés : zéro. Donc, une victoire sans équivoque !

La défaite de la troupe que commandait le lieutenant Achille fut donc totale. Cette unité participant aux opérations avait été complètement anéantie. Rendons un hommage bien mérité à ces militaires de l'armée haïtienne tombés au champ d'honneur !

Cette éclatante victoire des rebelles leur avait permis de récupérer un riche butin de guerre consistant en une importante quantité d'armes : Une mitrailleuse cal. 30, un (1) fusil mitrailleur, neuf (9) fusils M1, deux (2) pistolets cal. 45, un (1) revolver cal. 38, et aussi des jumelles de campagne, des cartes militaires de la zone, un lot important de munitions et les fonds destinés au ravitaillement de la troupe.

Euphorique, Jourdan ordonna d'embarquer le butin sur trois (3) mulets qui désormais allaient faire partie de son convoi.

Voici la relation faite par Marcel Numa de cette déconvenue de la troupe du lieutenant Léon Achille :

« Le 29 août, après le passage du cyclone, Bobby, Charlie et Ti- Yoyo qui avaient été en éclaireurs, rencontrèrent un paysan rougeâtre qu'ils arrêtèrent et, sous pression, firent révéler la position des troupes gouvernementales ; ce type, appelé Mérilas, informa que les soldats avaient posé bivouac tout près ; Ti-Yoyo fut dépêché pour confirmation, et, aussitôt Bobby passa des instructions pour une embuscade. Nous nous plaçâmes sous un caféier bordant le sentier où devaient passer les soldats. Quand Ti-Yoyo revint, nous étions déjà prêts, couchés dans les tayos.

Quelques instants après, le BAR avait crépité et trois soldats tombaient, morts. L'officier avait crié : « Mettez la mitrailleuse en batterie !». Le servant ne put exécuter cet ordre, car il tombait, atteint de trente balles, tout le chargeur d'une carabine : celle de Charlie. Ce furent les seuls mots que j'entendis l'officier prononcer. Bobby avait ordonné de cesser le feu, mais les frères Armand continuèrent le tir pour détruire complètement l'équipe des fusils mitrailleurs. « Rendez-vous !», ordonna Bobby. A ce moment, le commandant se rendit et demanda aux autres soldats d'en faire autant.

Les morts, au nombre de cinq, furent enterrés et les blessés furent pansés avant d'être envoyés à Port-à-Piment pour des soins plus adéquats. Les prisonniers, l'officier et les deux soldats, furent fouillés, papiers et argent furent pris, le ravitaillement du contingent également. » (Prosper Avril, *op cit.*, p. 426)

Victoire certaine, victoire totale des guérilleros de Jeune Haïti !

Cependant cette victoire a-t-elle été bien gérée dans la suite ?

À considérer le riche butin emporté après la bataille, l'observateur scrupuleux doit noter que les rebelles ne s'étaient plus souciés de vider les lieux et de regagner les montagnes comme ils en avaient l'habitude. Ils se sentaient désormais puissants et assez confortables pour s'occuper de faits divers comme l'inhumation des morts, le pansement des blessés, l'acheminement de ces derniers vers la ville la plus proche, etc., ce qui est tout-à-fait à leur honneur. Mais ce comportement dénotait un état d'esprit nouveau : les rebelles s'estimaient en mesure d'affronter face-à-face les forces gouvernementales.

À partir de ce moment, le groupe ne fonctionnait plus comme une troupe de guérilla. Mettant souverainement de côté les normes en vigueur dans cette technique de guerre, les armes lourdes et encombrantes ont été gardées fièrement. Or, puisque pour faire fonctionner la mitrailleuse capturée, une arme d'équipe, il fallait au moins trois (3) hommes : un tireur, un assistant et un pourvoyeur, la bonne solution prescrivait, de préférence, de se débarrasser de ce surplus de matériel, en attendant de grossir le nombre de combattants. De plus, si le second fusil-mitrailleur pouvait être gardé, puisque les rebelles sont actuellement quatorze (14) en considérant les deux (2) paysans recrutés, la mitrailleuse, les fusils M1 et les munitions en surplus auraient dû être mis de côté, si la forme de lutte adoptée devait toujours être celle de la guérilla.

En outre, la gestion de trois (3) prisonniers dont l'un, un officier formé à l'Académie Militaire, ne devait pas être une entreprise facile pour un groupe de douze (12) hommes. Les chevaux qui les accompagnaient allaient constituer un handicap majeur dans la conduite des opérations futures. La présence de ces montures dans l'environnement des guérilleros rendait aussi ces derniers plus facilement repérables, ce, même à distance raisonnable, donc très vulnérables.

Réginald Jourdan, le chef des rebelles, avait délibérément choisi de faire perdre à sa troupe le secret dans ses déplacements et surtout cette mobilité qui constituait sa force.

Le lecteur va méditer avec moi sur les graves conséquences de ces erreurs fatales accumulées dans le déroulement de l'épopée de nos titans qui, après trois (3) victoires successives, dont deux (2), éclatantes, allait se transformer en une funeste tragédie.

CHAPITRE IV

LES REVERS DE FORTUNE

À la date du 29 août 1964, il y avait déjà vingt-trois (23) jours depuis que les treize (13) Titans avaient débarqué à la Petite Rivière de Dame-Marie, vingt-trois (23) jours de succès continus si l'on considère les résultats obtenus. Nonobstant la perte prématurée de l'un des leurs et les quelques moments d'incertitude et de découragement éprouvés, nos grenadiers avaient, jusqu'à cette date, accompli leur mission avec bonheur. Le bilan de leurs actions et actes posés sur le terrain avait été plutôt positif. Un seul élément avait été abattu dans leur rang, alors que du côté des forces gouvernementales, neuf (9) soldats avaient été tués, plus d'une dizaine de soldats blessés, trois (3) militaires, dont un officier, faits prisonniers et un avion de l'Armée mis hors d'état de service. En vérité, Il faut rendre cette justice aux combattants de *Jeune Haïti* : ce sont des hommes de valeur, à la hauteur de leur mission, de vrais héros !

Savourant avec raison leurs prouesses épiques réalisées, les guérilleros de *Jeune Haïti* avaient le moral élevé au plus haut point, ils se considéraient aussi forts qu'un bataillon d'infanterie. Ce fut dans cet état d'esprit qu'ils continuèrent leur odyssée. Ils ne se doutaient pas que la violation ou même la non-application de certains principes fondamentaux de la guerre de guérilla pouvait entraîner une défaite militaire écrasante. Pour avoir ignoré certains paramètres importants de la technique de guerre adoptée, le succès de leur mission allait être sérieusement compromis. En effet, à partir de l'éclatante victoire de Kalio mal gérée s'amorçait le déclin qui devait aboutir à une débâcle générale.

Amis lecteurs, suivons pas à pas nos héros pour pouvoir constater leur défaite, les revers qu'ils eurent à endurer jusqu'à leur complet anéantissement, leur fatal échec, l'accomplissement de leur tragique destin.

A.- LA BATAILLE DE DALLEST

Après la victoire de Kalio, les douze (12) guérilleros restants, renforcés des deux (2) éclaireurs sympathisants, déjà familiers au maniement des armes, avaient décidé de cheminer en direction du Séminaire de Mazenod à Camp-Perrin, aux fins de prendre contact avec leur base à New York. Ils entendaient faire leur rapport à qui de droit, réclamer en urgence le ravitaillement promis qui leur permettrait d'exploiter le succès jusque-là obtenu. Sitôt parvenus à destination, ils comptaient utiliser à cette fin le système de communication installé dans ce centre religieux qui, selon toute vraisemblance, leur était sympathique, probablement un allié obligé.

Mais depuis la victoire de Kalio, il n'était plus possible aux rebelles de camoufler leur déplacement à cause de l'encombrante provision en armes et munitions qu'ils transportaient et surtout de la présence de mulets faisant partie de leur convoi. Ils étaient désormais remarqués partout où ils passaient. D'ailleurs, gonflés d'orgueil, ils ne se croyaient plus obligés de cacher leur itinéraire.

Confiants en eux-mêmes, les soldats de Jourdan bivouaquaient n'importe où, se reposaient souvent à l'ombre des gros arbres, se désaltéraient près des sources aux eaux cristallines, procédaient à la vue de tous à l'interrogatoire des prisonniers, au recrutement des sympathisants, à l'entraînement au maniement des armes de quelques paysans qui les avaient rejoints... Ils se conduisaient, en fait, comme des conquérants, des pachas, des nababs, des potentats. Conséquences : les forces gouvernementales étaient désormais bien au courant de leurs manœuvres, gestes, objectifs, buts et plans stratégiques.

Le Grand-quartier-général de l'Armée avait pris les dispositions nécessaires pour remplacer les soldats de la troupe du lieutenant Léon Achille anéantie. Il avait dépêché sur le théâtre des opérations un peloton de trente (30) hommes tirés du bataillon des *Casernes Dessalines*, déterminés à venger leurs frères tombés à Kalio. Les forces gouvernementales sur le terrain renforcées par ce nouveau contingent de soldats, la poursuite des rebelles allait se faire avec plus de détermination, d'acharnement, d'efficacité.

À chaque fois que des troupes de l'armée se rapprochaient de la zone où ils se trouvaient, les rebelles, enhardis par leurs récents succès, avaient en vain tenté de renouveler leur exploit de Kalio, c'est-à- dire, de monter des embuscades en vue de les surprendre, de les anéantir. Mais à chaque tentative, leur projet avait échoué vu qu'ils ne pouvaient plus bénéficier de l'effet de surprise ; les soldats réguliers, campés sur leur garde, décelaient toujours leur intention.

En outre, la garde des prisonniers constituait pour les rebelles un handicap majeur. Ils ne savaient que faire d'eux au moment d'engager le combat. À chaque action à entreprendre, il fallait affecter des membres du groupe à leur surveillance.

Toutefois, de leur côté, les combattants de *Jeune Haïti* avaient pu toujours éviter les embûches et pièges que leur tendaient les militaires, grâce à une collaboration étroite, efficace des paysans amis et sympathisants qui les avaient rejoints et dont le nombre n'avait cessé de croître après leur victoire de Kalio. Tout mouvement et toute présence de troupes militaires dans leur environnement leur étaient immédiatement signalés.

Se rendant finalement compte du poids que représentaient les prisonniers parmi eux, Réginald Jourdan prit, conjointement avec ses camarades, la résolution de libérer les deux (2) soldats captifs. Le 5 septembre, Rochel Julien et Gérard Surin, recouvrèrent leur liberté et furent autorisés à partir après avoir été contraints de signer un document.

Concernant le lieutenant Achille, les rebelles n'arrivaient pas à faire l'unanimité pour le libérer. Il fut donc retenu prisonnier, surtout en raison du fait qu'il avait refusé de collaborer. L'officier n'avait jamais accepté de signer le document rédigé par Réginald Jourdan, préalable obligatoire à toute éventuelle mise en liberté.

Marcel Numa rapporte :

« *Après quatre jours, Bobby décida de libérer les soldats qui, je dois vous le dire, n'acceptèrent à aucun moment de demeurer avec nous. Cependant, avant leur renvoi, ils furent contraints de signer un papier dont j'ignore la teneur et menacés des pires sanctions si on les rencontrait à nouveau. Quant à l'officier, le lieutenant Achille, il refusa, malgré toutes les pressions, de signer quoi que ce fût. Menacé d'être fusillé, il refusa péremptoirement, disant qu'il n'y avait qu'une seule façon de mourir. On ne lui promit jamais de le libérer.* » (Prosper Avril, *op cit.*, p. 427)

Les soldats Rochel Julien et Gérard Surin se rendirent immédiatement, après leur libération, à Port-à-Piment, siège du commandement des troupes en campagne. Là, ils firent un compte rendu détaillé de leur séjour en captivité, renseignant sur ce qu'ils avaient observé et entendu. Ils avaient attiré l'attention de l'état-major sur l'existence d'un livre de couleur bleue qu'ils croyaient être une bible, utilisé par Gérald Brière lorsqu'il écrivait des lettres pour être expédiées à des personnes se trouvant en Haïti. Souvent interceptés, ces courriers n'avaient jamais pu être déchiffrés.

Les deux (2) soldats prisonniers libérés, les rebelles se dirigèrent vers un village dénommé Cavalier où vivait une intéressante communauté. Ils se proposaient d'y recruter quelques adhérents. Mais, informés de la présence des troupes de l'Armée aux environs, ils choisirent de s'installer de préférence sur la propriété d'un paysan sympathisant du nom de Sonson Val, située sur le morne Dallest qui dominait toute la plaine. À cause des avantages topographiques que leur offrait cette position, ils y établirent leur campement. En effet, de là, ils pouvaient observer tous les mouvements qui s'effectuaient dans la vallée.

Cependant, les troupes gouvernementales, elles aussi, observaient à travers des lunettes de campagne tout ce qui se passait sur la crête du morne Dallest grâce au nombre important de curieux qui entouraient les rebelles, à la présence des mulets qui gambadaient sur la position. Elles étaient bien imbues des moindres faits et gestes des rebelles.

Le 9 septembre tôt dans la matinée, l'unité fraîchement arrivée sur le terrain avait, par des raccourcis et incognito, atteint et occupé une colline très boisée placée à l'ouest du morne Dallest. Cependant au combat, cette position offrait aux rebelles bivouaqués sur la crête du morne Dallest un avantage stratégique certain, car située à un niveau moins élevé que le leur. Pour obvier à ce désavantage, l'autorité militaire avait ordonné à une autre unité de l'armée de se positionner visiblement à l'Est du campement des rebelles, de façon à attirer sur elle toute leur attention. Un trompe-l'œil ! Un miroir aux alouettes imaginé par les stratèges militaires.

Les combattants de *Jeune Haïti* ne pouvaient concevoir qu'une unité militaire en campagne pouvait ainsi s'exposer. S'imaginant que la troupe observée à l'Est avait commis une grave erreur en se plaçant dans cette position si vulnérable, ils avaient consacré leurs ressources à planifier une attaque surprise en vue de détruire cette proie selon eux facile. Ils avaient complètement omis de se protéger contre une offensive venant d'une autre direction.

Les soldats positionnés à l'Ouest, de leur poste occasionnel, pouvaient tout observer les mouvements effectués par les uns et les autres dans la grande cour de Sonson Val : les mulets attachés aux arbres, le va-et-vient des rebelles, la présence en ce lieu des campagnards qui les accompagnaient, de paysans curieux, etc. C'est ainsi qu'ils avaient remarqué la sortie de trois (3) rebelles qui probablement allaient inspecter les alentours, arpenter l'environnement, sécuriser leur bivouac.

Se dirigeant vers l'Ouest, les trois (3) rebelles ne tardèrent pas à se trouver à distance de tir des forces militaires tapies non loin de là : ils furent accueillis par un feu nourri. Totalement pris au dépourvu, ils tentèrent de se défendre mais ils étaient subjugués par la puissance et la soudaineté de l'attaque. Ainsi, les trois guérilleros, Gérald Brière, Charles Henri Forbin et Jacques Wadestrandt qui composaient cette patrouille de reconnaissance, furent tués sur le champ.

Gloire et honneur aussi à ces trois (3) valeureux volontaires, révolutionnaires de *Jeune Haïti* !

Réginald Jourdan qui ne s'attendait pas à une attaque aussi féroce de ce côté, se hâta de voler au secours de ses camarades. Louis Drouin voulut faire de même, mais geôlier affecté à la surveillance du lieutenant Léon Achille, il ne pouvait se déplacer. Alors, pour se libérer de cette contrainte et se mettre en mesure d'aller à la rescousse de ses camarades, il logea une balle dans la cuisse droite du prisonnier aux fins de l'immobiliser, le clouer à sa place dans la chaumière. Puis, les armes à la main, il rejoignit Réginald Jourdan.

Mais les deux (2) guérilleros n'auront pas l'opportunité d'aider effectivement leurs amis, de riposter, de se battre vaillamment parce que le secteur était totalement contrôlé par les militaires. Leurs camarades étaient déjà morts. Ils furent contraints alors de se raviser, regagner la hutte où ils avaient enfermé le lieutenant Achille, handicapé, estropié puis s'organiser pour vider les lieux.

Les autres rebelles, eux, placés sur le flanc opposé à l'Est et qui avaient pour tâche de contrôler les mouvements de l'autre unité militaire et d'envisager la meilleure façon d'anéantir cette troupe n'arrivèrent pas à comprendre ce qui se passait lorsqu'ils perçurent le bruit des combats. Aussi s'empressèrent-ils de rejoindre les autres pour leur venir en support et aussi pour ne pas subir l'assaut des troupes gouvernementales capables de les prendre en tenailles sur deux (2) fronts et les détruire complètement.

Ce fut bien à ce moment précis que les rebelles purent mesurer les conséquences d'avoir gardé ce prisonnier encombrant dans leur sein. Ils décidèrent alors de s'en débarrasser, de l'éliminer. Ne voulant pas tirer des coups de feu pour ne pas dévoiler qu'ils se trouvaient encore sur la position, il fut convenu de mettre fin aux jours du lieutenant Léon Achille par arme tranchante. Max Armand, Jacques Armand et le nouvel engagé Sonson Val furent chargés d'exécuter cet ordre. Restés seuls avec le prisonnier, Max Armand accepta la suggestion de Sonson Val de lui trancher la gorge.

« Chose dite, chose faite ». Le brave, vertical, héroïque lieutenant Léon Achille fut abandonné pour mort dans la chaumière. La gorge tranchée, après avoir saigné abondamment, le lieutenant Achille ne bougeait plus. Il passait pour mort. Max Armand fit rapport à Réginald Jourdan que l'ordre a été exécuté.

Marcel Numa nous renseigne :

« *Après la bataille, le groupe regagna la maison où se trouvait le lieutenant Achille pour y attendre le retour de l'équipe de reconnaissance qui ne devait jamais revenir. À ce moment, il fut décidé de mettre fin aux jours de l'officier en lui tranchant la gorge. Les deux Armand et Sonson Val furent chargés de cette besogne. On lui mit un bouchon de coton dans la bouche et on lui scia la gorge. Max Armand fit ensuite son rapport à Bobby.* » (Prosper Avril, *op. cit.,* p. 428)

Le rapport concernant « l'exécution » du lieutenant Achille reçu, Réginald Jourdan ordonna de lever la marche. Retrouvant leur agilité, les rebelles avaient abandonné en un clin d'œil la zone de combat, évitant le secteur où se trouvait l'unité militaire localisée à l'Est de leur position. Cette unité, d'ailleurs, devait monter à l'assaut du lieu où les hommes de Réginald Jourdan avaient établi leur campement. Ils étaient déjà partis quand, vers 6 heures de l'après-midi, elle avait investi la crête du morne Dallest.

Arrivés sur la position, les militaires furent heureux de récupérer la mitrailleuse ainsi qu'une quantité d'armes et de matériels saisis à Kalio. Les rebelles avaient également abandonné les mulets chargés. Une prise importante ce jour-là : le fameux « petit livre bleu » assimilé à une bible que consultait régulièrement Gérald Brière lors de la rédaction de messages qu'il remettait à des guides paysans en toute discrétion pour livraison. Les soldats Rochel Julien et Gérard Surin, les deux (2) soldats anciens prisonniers, en avaient fait mention dans leur rapport après leur libération par les rebelles. Cette soi-disant « bible » n'était en fait qu'un dictionnaire qui servait de base pour le codage des messages avant d'être expédiés. Dès lors, le courrier intercepté et qui, toujours, était chiffré pouvait désormais être décodé par les experts du service militaire d'intelligence.

Tandis que les militaires s'affairaient à la tâche de récupérer armes, munitions et documents, ils perçurent un gémissement dans une pièce attenante. Ayant pénétré dans cette pièce, ils étaient alors surpris de découvrir le lieutenant Achille. L'officier, portait encore des menottes aux poignets et baignait dans son sang, la gorge tranchée, la cuisse droite percée d'une balle. Au contrôle des signes vitaux, son pouls battait encore, sa respiration perceptible.

L'infirmier de la troupe vite appelé à la rescousse, prit immédiatement charge du blessé après que les menottes lui aient été enlevées. Il arrêta provisoirement l'hémorragie à l'aide d'un pansement compressif, administra une injection au blessé, puis le fit acheminer sur brancard à Platons, l'endroit le plus proche d'accès par véhicule. De là, une ambulance fut requise pour l'acheminer à l'Hôpital Militaire de Port-au-Prince. Le lieutenant Léon Achille était sauvé. C'était le 9 septembre 1964.

Les rebelles, désormais réduits à neuf (9) après avoir subi ce grand coup fatal, avaient malgré tout décidé de continuer à lutter. Mais...

B.- LA BATAILLE DE FORMOND

La défaite de Dallest fut lourde de conséquences pour les rebelles. Elle avait exercé une influence néfaste sur la destinée de la troupe des combattants de *Jeune Haïti*. D'abord, ils s'étaient retrouvés seuls après la dernière bataille. Les paysans recrutés et entraînés au maniement des armes, s'étaient spontanément volatilisés, évanouis dans la nature. William Télémaque (Ti -Yoyo), Jean Michel (Ti-Kanson), Sonson Val et les autres, avaient tous abandonnés le groupe. La présence de ces paysans auprès d'eux était apparemment due aux deux (2) victoires successives remportées sur les forces gouvernementales. Seul le statut de vainqueur de ces guerriers avait fasciné ces campagnards. « Vae victis !» Malheur aux vaincus ! Dans cette situation, ces paysans s'étaient comportés comme les rats. Pressentant le naufrage, ils avaient abandonné le navire.

Un fait de la plus haute importance à mentionner : la mort de Gérald Brière, le cerveau, le commissaire politique du groupe. Cette perte fut pour eux « catastrophique, incommensurable ». L'équipe avait perdu son âme, sa source d'inspiration. L'impact de cette disparition subite fut si immense que les guerriers restants ne s'étaient point souciés de nommer officiellement un nouveau commissaire politique. Réginald Jourdan devenait l'unique responsable habilité à prendre des décisions.

La route vers l'Est conduisant à Camp-Perrin étant bloquée par les troupes gouvernementales, et ne se sentant pas en mesure de trouver ou forcer une brèche dans la ceinture établie par l'Armée, Réginald Jourdan ordonna à sa petite troupe de se diriger vers le Sud, dans l'intention d'atteindre Port-Salut pour trouver un moyen de quitter le pays. Le 12 septembre, ils arrivaient à un village dénommé Formond où ils avaient pu trouver un terrain propice et sécurisé pour bivouaquer. Ils y passèrent la nuit.

Le lendemain 13 septembre, au moment de lever la marche, un vent de dissension souffla sur l'équipe. Le comble de son malheur ! Le groupe qui déjà s'amenuisait, allait subir les effets d'une fissure en son sein : l'autorité du commandant Jourdan était mise en question par deux (2) membres du commando.

Les frères Max et Jacques Armand s'étaient soulevés contre la dernière décision de Réginald Jourdan. Ils avaient exprimé leur désaccord à propos du choix de ce dernier de se diriger sur Port-Salut et d'abandonner la lutte. Eux, ils pensaient qu'il existait bien une chance de franchir le cordon établi par les militaires, de continuer leur marche en direction de l'Est., d'atteindre Jacmel, puis de traverser en République Dominicaine. Un plan de nature très aléatoire vu le très long trajet à couvrir avant d'atteindre la frontière.

Malgré les arguments contraires avancés par Jourdan, objectant « qu'il leur sera impossible de franchir pour l'instant le cordon militaire et même de continuer le combat jusqu'à la frontière dans de pareilles conditions », Jacques et Max Armand avaient maintenu leur point de vue.

Dans l'impossibilité d'aboutir à un accord, d'arriver à un compromis acceptable, de s'entendre sur le sujet controversé, les frères Armand avaient en fin de compte décidé de se dissocier du groupe. Le démocrate par principe Réginald Jourdan accepta leur décision déclarée irrévocable, leur souhaita « bonne chance », leur octroya un peu d'argent et des munitions. Et les copains de Jérémie se séparèrent du groupe sans se dire adieu.

Cette fois, la crise de confiance au sein du commando avait débouché sur un véritable schisme, ce, pour le malheur de l'expédition armée de *Jeune Haïti.*

Néanmoins, les six (6) autres guérilleros avaient manifesté de plus en plus le témoignage de leur confiance dans le leadership de Réginald Jourdan qui leur recommanda de rester coi, de garder leur sang-froid, de dormir encore une nuit dans cet endroit sécurisé afin de reconstituer leur force, de raffermir leur moral chancelant, manifestement affecté par la défaite de Dallest, la mort de leurs trois (3) camarades et le départ de leurs deux (2) amis dissidents.

Le 14 septembre, dans l'après-midi, les deux (2) schismatiques, Max et Jacques Armand, qui avaient effectivement pris la direction de l'Est furent repérés par les forces gouvernementales comme l'avait, d'ailleurs, prévu le commandant Réginald Jourdan.

Vers quatre (4) heures dans l'après-midi, les dissidents furent attaqués par des colonnes de militaires bien décidés, qui pensaient avoir en face d'eux le groupe restant des rebelles.

Pris en tenailles, Max et Jacques Armand tout en ripostant, se hâtèrent de s'abriter dans une hutte. Les militaires ouvrirent un feu nourri sur la chaumière qui prit feu sous l'action des balles traceuses. Puis, après un certain temps, ils s'approchèrent de la chaumière. Sur les lieux de cette tragédie, ils avaient constaté, verbalisé le décès de deux (2) rebelles. Les cadavres de ces infortunés étaient retrouvés carbonisés après l'action. À ce moment, les militaires se rendirent compte qu'ils étaient seuls.

Ainsi périrent Max Armand et Jacques Armand de Jérémie, victimes de leur entêtement. Que gloire et honneurs leur soient rendus ! « Ochan » pour ces deux (2) braves de *Jeune Haïti* !

Les six (6) autres compagnons, restés fidèles au commandant Réginald Jourdan, n'avaient pas bougé de leur position tout le temps que dura l'attaque des forces gouvernementales contre les frères Armand. Les détonations avaient paru si proches de leur cachette qu'ils avaient un moment cru qu'ils avaient été repérés. Il n'en était rien. Ils étaient donc restés tapis dans les buissons.

Le rythme des coups de feu avait diminué de minute en minute. Puis, ce fut le silence. Les combats avaient cessé. Jourdan et ses compagnons avaient alors compris que leurs deux (2) camarades se retrouvaient certainement dans les pâturages du Seigneur, dans l'au-delà, à l'Orient éternel. Ils attendirent la fin de la nuit pour quitter leur cachette et, après un moment de méditation pour leurs amis, se mirent en route pour tenter d'investir la région des côtes du Sud.

Six (6) grenadiers de Jeune Haïti avaient donc déjà rendu l'âme, la fin des treize (13) guérilleros s'accélérait. Le sort des sept (7) guerriers restants, sans doute, était déjà réglé.

Marcel Numa raconte :

« *Le lendemain lundi 14, nous perçûmes les échos d'une fusillade : les troupes gouvernementales avaient rencontré les deux séparatistes. Nous nous abritâmes, mais il n'y eut pas d'attaque de notre position. Dans la soirée, nous "mîmes dehors" et, après plusieurs jours de marche, atteignîmes Policard. Cette fois, la décision était irrévocable : nous devions nous échapper de cet enfer, mettre le cap vers les côtes pour trouver une embarcation qui nous déposerait à la Jamaïque, l'endroit le plus proche de notre position.* » (Prosper Avril, *op. cit.*, p.248.)

Décidément, le même scénario de l'après Prévilé s'était renouvelé. La mort d'Yvon Laraque à Prévilé avait provoqué une discussion semblable qui s'était soldée par le limogeage du chef Gusley Villedrouin. L'unité du groupe n'a pas été affectée. Cette fois, la mort de Gérald Brière, de Charles Henri Forbin et de Jacques Wadestrandt avait conduit à la défection de Max et Jacques Armand. L'homogénéité de la troupe n'a pas pu être sauvegardée. Pour le comble, le désaccord au sein du groupe avait tourné au tragique : les deux (2) dissidents s'étaient fait tuer le lendemain de leur décision. Ils n'étaient plus que sept (7) combattants sur le terrain.

C.- DÉSESPOIRS : SUICIDES ET CAPTURES

Depuis huit (8) jours, les sept (7) infortunés rebelles restants s'étaient réfugiés au fond des bois. Ils prenaient désormais beaucoup de précautions dans leur déplacement et bougeaient peu. Vers le 18 septembre, ils s'étaient retrouvés non loin de la ville des Côteaux, Leur maigre stock de nourriture s'amenuisant, Réginald

Jourdan décida de dépêcher dans les environs un paysan du nom de Wilson pour se procurer des provisions de bouche. Ce paysan avait aussi servi de messager pour la troupe du lieutenant Achille anéantie à Kalio.

Au marché de la ville, à peine le nommé Wilson avait-il terminé de s'approvisionner, il était appréhendé en tant qu'inconnu dans la zone et acheminé à Port-à-Piment, avec le sac de provisions. Là, il fut tout de suite reconnu par les soldats, anciens prisonniers après la bataille de Kalio. Il fut donc immédiatement incarcéré. Ne le voyant pas revenir, les rebelles pensèrent à une défection ou trahison de sa part.

Après quelques jours de marche, tenaillés par la faim, ne pouvant toujours pas trouver de quoi nourrir ses hommes et désormais ne faisant plus confiance aux paysans qui les approchaient, Jourdan décida, en accord avec les autres guerriers, de désigner un des leurs pour se rendre dans le village en vue de s'approvisionner en vivres alimentaires. Marcel Numa, le seul noir du groupe, pouvant, selon eux, se mélanger plus facilement à la population, fut chargé de cette mission délicate, mais jugée vitale.

Une fois en ville, Marcel Numa fut vite repéré comme un « inconnu » dans la cité, comme ce fut le cas pour Wilson. À cette époque, tout individu nouvellement arrivé dans un village, bourg ou section rurale de la République devait s'identifier. Dans cette conjoncture, l'interpelé était considéré comme un suspect. Aussi, Marcel Numa fut-il conduit au bureau de la Milice des Côteaux pour informer les autorités du but de sa présence. Prié de décliner ses nom, adresse et occupation, il répondit qu'il s'appelait Yves Janvier et habitait à Fond Cochon, un petit village de l'intérieur. Il donna le nom d'un certain Macérès comme référence.

Tout semblait aller bien pour ce guérillero déguisé en paysan quand un des miliciens présents attira l'attention de son chef « sur les mains du prévenu qui, selon lui, ne pouvaient être celles d'un paysan comme ce dernier le prétendait ». Alors, il fut décidé de conduire Yves Janvier aux autorités militaires qui ne tardèrent pas à déceler en lui un authentique rebelle.

Marcel Numa avoua alors aux militaires qu'il nourrissait l'intention de se rendre dès qu'il avait reçu et accepté la mission d'aller au ravitaillement dans la ville des Côteaux. Il a expliqué ainsi les circonstances de sa capture :

« *Le 23 septembre 1964, je reçus une valeur de cent gourdes pour faire des provisions aux Côteaux, car, disaient les autres, j'étais plus noir et je pouvais plus facilement passer inaperçu. Je me suis coupé les cheveux et je suis parti vers les Côteaux où je me rendis immédiatement à la préfecture pour faire rapport au Préfet. Ne trouvant pas ce dernier, je me déplaçai pour acheter un peu de nourriture. À ce moment, je fus interpellé par un type qui me conduisit à la caserne.*

« *Je suis Marcel Numa, rebelle,* dit-il, arrivé au district militaire des Côteaux. *Je craignais d'avoir la tête coupée par les miliciens, c'est pourquoi je leur avais dit m'appeler Yves Janvier. Maintenant que je suis entre les mains de l'armée, je dis la vérité.* » (Prosper Avril, *op cit.*, p.429) C'était la capture de Marcel Numa.

Rapport circonstancié fut expédié au commandement des troupes en campagne à Port-à-Piment.

Le rebelle capturé fut transféré des Côteaux à Port-à-Piment par voie maritime, à bord d'une unité des Garde-côtes d'Haïti, le GC-10. Là, il fut gardé prisonnier et reçut bientôt la visite des responsables de la campagne militaire qui lui fournirent le matériel nécessaire aux fins de recueillir sa déclaration d'abondance.

Le groupe des jeunes débarqués de *Jeune Haïti* ne comptait plus que six (6) membres désormais.

Au moment d'envoyer Marcel Numa en mission, les rebelles se trouvant non loin des côtes, à Anse-à-Louis, entre Côteaux et Damassin, se proposaient d'approcher le rivage le jour même au cours de la nuit. Cependant, après avoir attendu en vain le retour de leur camarade Numa, ils comprirent que ce dernier a été ou capturé ou tué. Préjugeant que leur position et intention pouvaient avoir été révélées aux autorités par Numa, ils abandonnèrent le projet de s'enfuir par la mer, reprirent la route des montagnes et s'établirent à Morne Martinet, au pied du Pic Macaya.

Le 29 septembre, les rebelles furent repérés et attaqués par les troupes gouvernementales qui avaient environné, enveloppé leur position. Le bilan de cette action : deux (2) des six (6) guérilleros restants furent blessés grièvement. Devenant un fardeau pour le reste, ils décidèrent de mettre fin à leurs jours ; l'un, Mirko Chandler, s'est stoïquement fait achever par son ami Réginald Jourdan ; l'autre, Jean Gerdès, s'est courageusement suicidé, selon ce que rapporte Louis Drouin dans sa déclaration devant la commission d'enquête.

« *Nous ne sommes pas des sentimentaux,* avait-il déposé dans sa déclaration. *Nous sommes des durs. Chandler et Gerdès avaient été blessés au cours de la bataille de Martinet. Le premier s'est fait achever par Bobby, son meilleur ami ; le second s'est suicidé après avoir détruit une caisse de munitions et tous les papiers.* » (Prosper Avril, *op. cit.*, p 419)

Le groupe d'invasion était donc réduit à quatre (4) guérilleros. La marche vers la fin poursuivait inexorablement son cours. Louis Drouin en avait expliqué la cause fondamentale :

« *Brière et Gusley étaient les véritables chefs de l'affaire et avaient tout monté et organisé. Quand le premier eut disparu, le 8 ou le 9 septembre, nous reçûmes un coup terrible. Nous ne savions plus quoi faire ; nous essayâmes de gagner les mornes et de trouver une solution. Mais, pourchassés par les troupes haïtiennes, il nous fut impossible de nous organiser à nouveau ; notre groupe se désagrégeait ; certains, les frères Armand, voulurent aller vers l'est et la frontière dominicaine, d'autres vers l'ouest pour trouver un moyen de quitter le pays. Bobby était, depuis la démission de Gusley à Chambellan, le chef militaire, et nous assistions avec lui à la disparition de nos compagnons jusqu'à être réduits à quatre.* » (Prosper Avril, *op. cit.*, p. 419)

Et la chasse aux quatre (4) derniers rebelles se poursuivait de village en village. Obstinés, entêtés, les braves de *Jeune Haïti* refusaient de se rendre, continuaient de se battre vaillamment, de taquiner le destin, de narguer à distance leurs ennemis.

Le 1er octobre, les rebelles furent découverts quelque part non loin de Martinet, à une localité dénommée "Nan Boclo", par les troupes régulières qui avaient alors tenté, mais sans succès, de les annihiler. Ils avaient déjà pris la poudre d'escampette avant l'attaque. Cette position avait fait l'objet d'une stricte surveillance par l'armée car se trouvant à quelques kilomètres de Camp-Perrin où crèche la communauté de Mazenod, un objectif connu des guérilleros. Les rebelles ont dû alors éviter ce secteur et se réfugier dans les montagnes environnantes, continuant leur progression vers l'Est.

Dénichés ensuite dans la zone de Pic La Rochelle, Bois l'État, ils furent de nouveau assaillis à la date du 16 octobre, soit 15 jours plus tard, dans une localité dénommée Plaçon. Ce fut au cours de ce combat que les troupes régulières blessèrent à la cuisse Louis Drouin qui devint alors une charge encombrante pour ses camarades.

Le lendemain de cette attaque, constatant que « tout pour lui était consommé », le stoïque blessé, estropié, avait supplié ses compagnons de l'abandonner dans les montagnes boisées afin qu'eux-mêmes ils pussent mieux combattre, mieux guerroyer, tenter de sauver leurs vies.

Le cœur déchiré, les larmes aux yeux, ses trois (3) frères d'armes, résignés et malheureux, accédèrent à ses supplications, Ils abandonnèrent Louis Drouin dans la localité baptisée « Ka-Koupé » dépendant de la commune de Saint-Louis du Sud, où ce dernier se hâtait de gîter dans une chaumière appartenant à une paysanne. Cependant, cette dame dénonça aussitôt aux forces régulières la présence d'un rebelle chez elle.

Le rapport de l'éclaireur dépêché par les militaires sur les lieux pour vérifier le fait confirma la présence du rebelle dans la hutte de la susdite dame. Mais il était en mauvais état.

Dans la matinée du 19 octobre, la décision fut alors prise d'aller le capturer. Une unité militaire se mobilisa à cette fin. Avec sérénité, elle s'approcha de la chaumière où était en train de crever le malheureux guerrier. Puis, ses troupes déployées, rangées autour de la maisonnette, l'officier commandant avait sommé le rebelle de « n'offrir aucune résistance, de sortir les mains en l'air et de se rendre. »

Après quelques secondes d'attente, n'ayant pas obtenu de réponse à son injonction et pensant que le blessé ne pouvait pas se déplacer ou réagir, le commandant, accompagné d'un sergent, pénétra dans la hutte - en appliquant les principes militaires appropriés-. « Bonjour Sergent ! » avait dit Louis Drouin, s'adressant aux militaires dès qu'il aperçut le sergent dans l'encadrement de la porte - L'officier prit alors contrôle de sa personne.

L'un des quatre (4) derniers rebelles de *Jeune Haïti* était ainsi capturé, fait prisonnier.

Louis Drouin en établit les circonstances :

« *Blessé dans la matinée du 16 octobre, mes compagnons m'ont transporté à tour de rôle, après avoir pansé mes blessures ; je souffrais terriblement ; je traînais et retardais l'avance des autres ; j'ai alors décidé, avec eux, de rester seul, en leur laissant poursuivre leur route. Leur objectif maintenant est de survivre le plus longtemps possible, dans l'espoir d'un miracle. Ils m'ont abandonné sur ma propre demande, le 17 octobre au matin et je suis resté seul dans les bois jusqu'au moment où un groupe armé m'est tombé dessus ; je devais, selon nos principes, me tuer en pareil cas, mais je me suis souvenu de mes anciennes pratiques religieuses et je ne l'ai pas fait.* » (Prosper Avril, *op. cit.*, p. 419)

Louis Drouin était atteint d'un début de gangrène, Il fut alors confié au médecin de la troupe qui se chargea sur-le-champ de lui prodiguer les soins que nécessitait son état. Puis, il fut, comme cela a été dans le cas de Marcel Numa, expédié à bord du GC-10 des Garde-côtes au quartier-général du commandement des troupes où il fut astreint à répondre à quelques questions et à faire sa déclaration.

Le groupe sept (7) guerriers restants venait d'être infirmé de quatre (4) combattants : deux (2) suicidés et deux (2) capturés.

Marcel Numa et Louis Drouin ont été, après leur capture, traités avec toute la dignité que requiert la garde d'un prisonnier de guerre. Ils ont été soignés par les médecins militaires de la troupe puis hébergés sur un navire des Garde-côtes d'Haïti, avec tout le respect dû à leur statut de « prisonniers de guerre ».

« *Permettez-moi de vous dire, que c'est sur ce bateau que j'ai mangé et dormi correctement pour la première fois depuis cette affaire* », avait déclaré Marcel Numa. (*Op. cit.*, p. 430)

« *Je reconnais que j'ai été très surpris du traitement que les troupes et les dirigeants haïtiens m'ont fait ; je ne m'attendais pas à un tel traitement* », avait avoué, de son côté, Louis Drouin à bord du GC-10 des Garde-Côtes d'Haïti. (*Op. cit.,* p. 420)

Désormais, il ne restait que trois (3) combattants sur le terrain : Réginald Jourdan, Gusley Villedrouin et Roland Rigaud.

D.- LE DERNIER COMBAT

Après le combat de La Rochelle, les trois (3) guérilleros restants vivaient cachés dans les bois touffus, dans des endroits inhabités ou apparemment déserts, poursuivis, pourchassés par les soldats réguliers. Les troupes gouvernementales avaient fouillé un peu partout pour les retrouver. En vain. Plus de trace des rebelles.

En cette période de l'année, le mauvais temps régnait sur la presqu'île du Sud. Il pleuvinait chaque jour, pleuvait chaque soir. Après dix (10) jours de marche et de chasse à l'homme, une unité militaire était arrivée enfin à repérer, localiser les trois (3) rebelles. Ces derniers tentaient d'atteindre la commune de L'Asile, étant à Ravine Roches, localité rurale située à environ six (6) kilomètres de cette ville.

Le 24 octobre, la troupe composée de quinze (15) soldats, s'ébranla en direction de la zone signalée. Arrivés sur les lieux, les militaires après avoir bien localisé le campement des guérilleros, avaient planifié scientifiquement leurs actions belligérantes.

Comme la brume était à peine tombée, ils attendirent le lendemain matin pour se manifester, placer leurs dispositifs de guerre.

Le 25 octobre, à Ravine Roches, Morne Tête-Bœuf, non loin de la ville de L'Asile, l'officier commandant de la troupe, sachant tout des mouvements des trois (3) rebelles restants, avait profité de la faible clarté de l'aube (4 heures du matin) pour placer son dispositif de guerre, leur tendre une embuscade.

Mais, intuition ou coïncidence heureuse, les trois (3) rebelles avaient changé de cap, pris une autre direction. Ils purent ainsi échapper au piège tendu. Déçu, le commandant attendit patiemment d'avoir des nouvelles de leur prochaine localisation. Ils seront repérés le lendemain 26 octobre, non loin de leur ancienne position, à 8h30 a.m. Ils étaient toujours à Ravine-Roches.

L'officier s'empressa alors de diviser son unité en deux (2) colonnes : l'une avait la mission d'empêcher toute retraite des guérilleros ; l'autre celle de les attaquer.

La mise en place de ce dispositif militaire achevée, le groupe mobile s'approcha de la position occupée par les trois (3) guérilleros bien camouflés sous les broussailles.

Se rendant compte qu'il était cerné, Gusley Villedrouin fut le premier à ouvrir le feu. Son tir nourri avait révélé sa position exacte. Les militaires ripostèrent. Il fut le premier des trois (3) derniers guérilleros à être abattu. Les deux (2) autres camarades, encore invisibles, étaient cachés dans un sous-bois. L'officier commandant ordonna aux soldats de cesser le feu et, s'adressant aux deux (2) rebelles restants, cria : « Vous n'êtes que deux, à découvert et bien cernés ! Rendez-vous ! »

Après un court silence, Réginald Jourdan répondit à l'injonction : « D'accord ! Nous nous rendons ! »

Réginald Jourdan (Bobby) se présenta, se mit à genoux, les mains en l'air. À sa gauche, à environ cinq mètres, Roland Rigaud, lui aussi, avait imité son geste. Et les deux (2) derniers guérilleros du commando de *Jeune Haïti* se retrouvaient à cinquante (50) mètres du commandant de la troupe régulière, lui, en position couchée, entouré de soldats déployés en tirailleurs, en ligne de combat.

En observant l'attitude des rebelles, l'officier commandant la troupe remarqua, en un éclair que Jourdan étreignait une grenade à fragmentation dans la main droite. Il comprit vite que ce dernier s'apprêtait à se faire sauter avec tout le monde au moment où on l'approcherait. Jugeant ipso facto, l'espace d'un cillement, qu'il n'était plus possible de capturer ces deux (2) derniers rebelles vivants sans grand risque pour la troupe, il ordonna d'ouvrir le feu.

Et les derniers titans de *Jeune Haïti* furent fauchés, criblés de balles, les deux (2) corps ensanglantés gisaient dans la poussière de leur terre natale tant aimée. Gloire et honneurs à ces braves !

N'ayant pas constaté, après la chute de Jourdan, l'explosion de la grenade qu'il étreignait, le commandant de la troupe laissa filer quelques secondes afin de s'assurer que la déflagration de l'engin ne se produira pas. À l'écoulement du temps réglementaire, la grenade tombée à côté de corps de Jourdan était restée inerte.

Parvenu près des cadavres des rebelles tués, l'officier constata que la « goupille de sécurité » de la grenade était encore à sa place : Contrairement à ce qu'il avait pensé, Réginald Jourdan ne nourrissait nullement l'intention d'utiliser l'engin à des fins tragiques ! Les militaires présents se rendirent alors compte que ce semblant d'ultime résistance était une façon pour ce rebelle de « se faire tuer plutôt que de se rendre », selon les principes admis par la déontologie du groupe *Jeune Haïti*.

9:45 mm à la montre de l'officier commandant, ce matin du 26 octobre 1964. Alea jacta est ! C'était bien la fin de l'odyssée des treize (13) héros de *Jeune Haïti*, une épopée paramilitaire qui avait duré quatre-vingt et un (81) jours.

Ce tragique épisode eût été complètement consommé si Louis Drouin et Marcel Numa, les deux (2) rebelles capturés, donc sains et saufs, avaient appliqué la consigne du groupe : « se faire tuer ou suicider plutôt que de tomber vivant entre les mains de l'ennemi ». Selon leurs propres déclarations, Louis Drouin ne s'était pas suicidé par conviction religieuse. Marcel Numa, lui, s'était volontairement livré aux autorités gouvernementales.

Emprisonnés à Port-au-Prince et traduits en justice par-devant un tribunal militaire exceptionnel, Louis Drouin et Marcel Numa furent jugés et reconnus coupables « de crime de guerre, de haute trahison ». Ils furent condamnés à la peine capitale.

Les condamnés ont été passés par les armes, le 12 novembre 1964. Les deux (2) braves guérilleros acceptèrent stoïquement leur malheureux sort. Ils refusèrent de se confesser - suivant le rite funèbre établi - au prêtre venu leur administrer ce sacrement de l'église catholique avant leur exécution. Ils sont morts en braves !

« *Quand un homme a fait ce qu'il considérait être son devoir envers son peuple et son pays, il peut reposer en paix.* » (Nelson Mandela, *Pensées pour Moi-même*, p. 173)

12 novembre 2014, cela fait bien cinquante (50) années.

« Ochan » donc aussi pour Marcel Numa et Louis Drouin ! Gloire et honneurs aux deux (2) derniers héros, titans, martyrs de *Jeune Haïti* de 1964 !

E.- LES CAUSES DE L'ÉCHEC DES TREIZE

Treize (13) héros haïtiens, des combattants sans peur et sans crainte pour le triomphe de LA DÉMOCRATIE en Haïti ! Treize (13) sacrifiés offerts en holocauste sur l'autel dédié à la déesse LIBERTÉ ! Treize (13) martyrs de LA CAUSE défendue par nos politiciens traditionnels réputés sans état d'âme !

Treize (13) jeunes patriotes physiquement, moralement et mentalement bien portants dont l'âge variait de vingt-trois (23) à trente-deux (32) ans, à l'exception de Mirko Chandler et Yvon Laraque qui frisaient la quarantaine. Ces intellectuels bien préparés avaient tous terminé leurs études secondaires, fait leur « high school » aux États-Unis. Jacques Armand fut un économiste, Max Armand, un ingénieur électricien, Louis Drouin, spécialiste des

Finances, Jean Gerdès, un artiste-photographe, Marcel Numa, un mécanicien spécialiste en moteur-diesel, Jacques Wadestrandt, un ancien de la prestigieuse Harvard University de Boston, Massachusetts, où il avait côtoyé Edward Kennedy, le frère du président Kennedy et sénateur du Massachussetts ; très versé en sciences médicales, il fut désigné médecin du groupe, etc., donc eux tous étaient des gens bien formés.

En outre, pour les besoins de « ladite cause sacrée », ces volontaires de *Jeune Haïti* avaient bénéficié d'un entraînement militaire intensif en opérations spéciales et en technique de la guérilla moderne. Trois (3) d'entre eux avaient accompli leur service militaire dans les forces armées américaines. Ces visionnaires de la vie nouvelle meilleure au pays de leurs père et mère étaient tous jugés aptes à exécuter les ordres reçus, à bien remplir la mission confiée par leurs chefs et commanditaires.

Il ne pouvait donc s'agir « d'écervelés, d'illuminés » comme insinué dans l'opinion, en général. Ces jeunes gens étaient tous des intellectuels avisés, des idéologues avertis, convaincus de leur décision politique arrêtée en leur âme et conscience, des patriotes conséquents animés alors de « *préoccupations qui restent fondamentales et récurrentes* », dira François Chavenet (*Le Nouvelliste, op. cit.*, p. 8)

Ces jeunes, bien préparés avaient pour mission principale l'occupation militaire de la ville de Jérémie et l'établissement d'une tête de pont en vue de la réussite d'un plan concocté pour renverser François Duvalier du pouvoir. Pourquoi ces guerriers bien préparés et endoctrinés avaient-ils échoué si lamentablement ? Pourquoi n'avaient-ils reçu aucun support de la population ?

À mon humble avis, l'échec des treize (13) guérilleros de *Jeune Haïti,* en 1964, est attribuable à des causes fondamentales profondes : historiques, politiques, sociales, idéologiques et militaires. J'ajoute des causes subjectives, accidentelles.

1- Historiques

La population grand'anselaise n'avait pas daigné accueillir à bras ouverts ces treize (13) guerriers en majorité mulâtres ou métis (sauf Marcel Numa) parce que, évoluée, instruite et très politisée depuis 1946, elle avait gardé dans son subconscient le souvenir de :

a) la guerre du Sud, en 1799, - cette lutte sans grandeur qui opposa le leader des nouveaux-libres, le Noir Toussaint Louverture, au leader des anciens-libres, le Mulâtre André Rigaud ;

b) la guerre fratricide déclarée, en 1883, par le Mulâtre Jean-Pierre Boyer Bazelais du parti Libéral prônant « le pouvoir aux plus capables» contre le président Noir Lysius Félicité Salomon Jeune, du parti National qui avait adopté le slogan: « le pouvoir au plus grand nombre » ;

c) la lutte politique menée agressivement en 1957 par les représentants des classes moyennes et des masses rurales opposés à ceux de la classe dite « bourgeoise».

2- Politiques

Les quatre (4) invasions armées (Alix Pasquet, Henri Fuertes, Léon Cantave, Fred Baptiste) organisées pour renverser le régime « À Vie » de François Duvalier et les nombreuses tentatives de coup d'État pour chasser ce dernier du Palais National ayant toutes échoué, avaient fortifié, solidifié les bases populaires de ce chef d'État qui était devenu pratiquement « indéchouquable » par ces actions isolées non soutenues par la population.

De plus, l'organisation *Jeune Haïti* de New York, était politiquement inconnue des masses paysannes de la Grand'Anse et du pays. Elle n'avait jamais organisé de meetings pour exposer aux Haïtiens ses buts et objectifs, son idéologie ou sa philosophie politique ou doctrinale ; n'avait pas fait de la propagande et n'avait rien non plus proposé aux citoyens de la Grand'Anse, du Sud, d'Haïti pour les intéresser au sort de ses combattants, les porter à rallier leur cause et supporter « leur mouvement rebelle ».

Les masses populaires et les citadins instruits, politisés, ne se sentaient donc pas concernés par la présence des guérilleros de *Jeune Haïti* dans les montagnes du Sud. Ils étaient restés sur leurs gardes, indifférents à la fortune de treize (13) combattants jugés anonymes, vite qualifiés de « revanchards » par les services de propagande du régime en place.

3- Sociales et idéologiques

À cause de leur composante en majorité mulâtre (12-1), les treize (13) guérilleros débarqués incognito à la Petite Rivière de Dame-Marie ont été considérés comme des éléments inféodés à la bourgeoisie traditionnelle. Une fois identifiés, la propagande gouvernementale les avait voués à la vindicte populaire comme des « aristocrates de la peau ». Les alliés et fanatiques du président François Duvalier ne se gênaient nullement de soulever l'épineuse question « du préjugé de couleurs de la peau », une manœuvre politique et idéologique machiavélique destinée à provoquer l'isolement total des rebelles, leur asphyxie.

Or, à la propagande active orchestrée, diffusée par les chauds partisans du gouvernement lors, les guérilleros n'avaient nullement riposté pour présenter une thèse contraire, ne disposant guère d'une radio émettrice ni de propagandistes ambulants, de supporters pour diffuser ou faire passer le message contraire. Leur doctrine ou idéologie n'était connue que d'eux seuls.

4 - Militaires

L'armée venait de franchir le cap des grandes purges du 1963, des événements d'avril 1964, Elle était sur ses gardes après la promulgation de la Constitution de 1964 conférant au chef de l'État le titre de chef suprême et effectif des Forces armées. De plus, les troupes connaissaient mieux le terrain que les envahisseurs et étaient aussi entraînées en opérations spéciales, en techniques de la contre-guérilla par la hiérarchie militaire et par des instructeurs militaires américains.

Le fait d'avoir raté le point prévu du débarquement coûta très cher au commando. Ne pouvant plus exécuter le plan prévu, ils ont été obligés d'improviser, d'entreprendre une guerre de guérilla, ce sans avoir jamais reçu de support de leur base.

Or, établir une tête de pont et mener une guerre de guérilla sont deux (2) types d'opération ayant des caractéristiques particulières et totalement distinctes. Nos héros étaient en guerre, ils furent donc obligés de prendre rapidement des décisions ! Or « vite et bien ne vont jamais ensemble », avions-nous appris à l'Académie Militaire d'Haïti ! « Il ne faut jamais confondre vitesse et précipitation », répétaient souvent les instructeurs !

Ã partir de ce choix tout à fait improvisé, des problèmes difficiles ou impossibles à résoudre avaient surgi de toutes parts, à tribord et à bâbord :

a) Le transport du matériel encombrant et des équipements de guerre, originellement destinés à l'établissement de la tête de pont ;

b) la marche à travers les vallées, les mornes, les collines, les montagnes abruptes sous le soleil de plomb d'Haïti ;

c) la gestion souvent difficile et délicate des paysans soupçonneux, malins, adroits, parfois même politisés ;

d) le froid intense dans les hauteurs du massif de la Hotte, du pic Macaya (2,347 mètres d'altitude) ;

e) la saison pluviale (les intempéries) ;

f) le passage du cyclone Cléo que personne ne pouvait prévoir ;

g) la difficulté souvent de trouver des abris (ajoupas) aménagés dans une zone montagneuse isolée du reste de monde haïtien ;

h) la pénurie d'eau potable et de vivres alimentaires ;

i) l'impossibilité de renouveler des articles vestimentaires tels que : bottes de combat, pardessus, ponchos, chandails, sous-vêtements, etc.

5- Subjectives, occasionnelles

L'échec cuisant de nos treize (13) héros est dû aussi au fait qu'ils n'avaient jamais reçu durant les trois (3) mois passés à se battre vaillamment aucun mot d'encouragement de leurs dirigeants, aucun conseil, aucune directive, aucun ravitaillement de leur base, de leurs commanditaires. Les promesses des chefs haut placés n'avaient été que leurres et tromperies.

Aussi pour toutes ces raisons énumérées, les treize (13) de *Jeune Haïti* avaient-ils inévitablement succombé sous l'action des forces militaires investies de la mission de les détruire, de les annihiler. Poursuivis par monts et par vaux, de village en village, abandonnés par leurs dirigeants, trahis par leurs commanditaires, ils devaient tous fatalement tomber au champ d'honneur !

Malgré tout, comme le professeur et historien Gérard Pierre-Charles l'affirme, nous pensons et demeurons convaincu que « *de toute façon, l'exploit des treize hommes de "Jeune Haïti" restera comme une page ineffaçable d'héroïsme dans les annales de la lutte du peuple haïtien contre la dictature.* » *(Op. cit.,* p. 140)

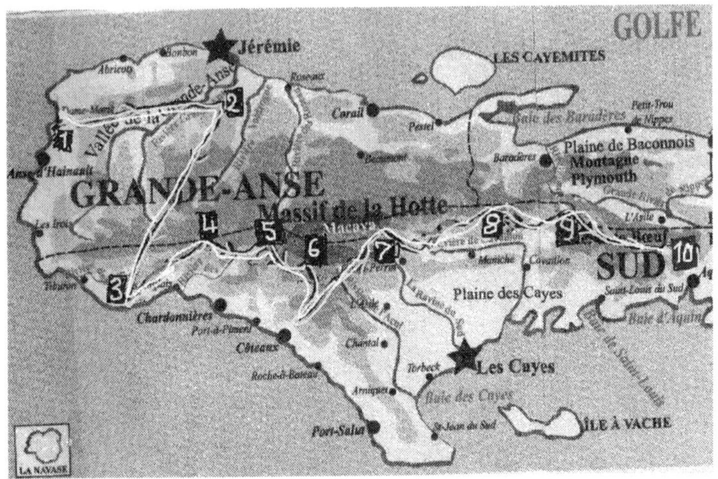

Carte de la Grand'Anse et du Sud montrant l'itinéraire des guérilleros de *Jeune Haïti*

1. Le point de débarquement à Petite Rivière de Dame- Marie dans la nuit du 5 août 1964.

2. Le point où s'est déroulée la bataille dite de Prévilé et où trouvèrent la mort le guérillero Yvon Laraque et un soldat des troupes gouvernementales, Clothaire Tattegrain, le 12 août 1964.

3. La Cahouane où les guérilleros de *Jeune Haïti* connurent leur première grande victoire : trois (3) soldats tués, un soldat blessé du côté des troupes gouvernementales, le 18 août 1964. Pas de perte du côté des rebelles.

4. Kalio où les guérilleros de *Jeune Haïti* anéantirent l'unité militaire commandée par le Lt. Léon Achille. Cinq (5) soldats tués, trois (3) blessés, un officier et deux (2) soldats faits prisonniers. Pas de perte du côté des rebelles. Le 29 août 1964.

5. Le morne Dallest où les guérilleros de *Jeune Haïti* connurent leur premier revers. Gérald Brière, Jacques Wadestrandt et Charles Henri Forbin y trouvèrent la mort, le 9 septembre 1964.

6. Formond où Jacques Armand et Max Armand trouvèrent la mort après s'être séparés des autres, le 14 septembre 1964.

7. Martinet où, après la capture de Marcel Numa aux Coteaux, Mirko Chandler, grièvement blessé, s'est fait achever par Réginald Jourdan, et où Jean Gerdès, dans le même état, s'est suicidé, le 29 septembre 1964.

8. Plaçon, près de la Rochelle où Louis Drouin fut blessé à la cuisse, le 16 octobre 1964.

9. Ka-Koupé où Louis Drouin blessé, abandonné par ses camarades sur sa demande, fut capturé, le 19 octobre 1964.

10. Ravine-Roches, non loin de L'Asile où a lieu le dernier combat mettant fin à la campagne du Sud et au cours duquel ont été tués Gusley Villedrouin, Roland Rigaud et Réginald Jourdan, le 26 octobre 1964.

Père Jean-Baptiste Georges, promoteur principal du débarquement armé des 13 guérilleros de Jeune Haïti dans la Grand'Anse, en août 1964. Il a accompagné le commando en Haïti et est retourné à Miami à bord du bateau.

Père Gérard Bissainthe, leader de Jeune Haïti, organisateur de l'invasion des 13 guérilleros débarqués dans la Grand'Anse, en août 1964.

Gérald Brière, le commissaire politique du groupe des 13 guérilleros de Jeune Haïti débarqués dans la Grand'Anse en août 1964, mort au combat à Dallest, le 9 septembre 1964.

Gusley Villedrouin, le 1er chef militaire du groupe des 13 guérilleros de Jeune Haïti débarqués dans la Grand'Anse en août 1964, mort au combat à La Rochelle, le 26 octobre 1964.

Yvon Laraque, membre des 13 guérilleros de Jeune Haïti débarqués dans la Grand'Anse en août 1964, mort au combat à Prévilé, le 12 août 1964.

Marcel Numa, membre du groupe des 13 guérilleros de Jeune Haïti débarqués dans la Grand'Anse en août 1964. Capturé aux Côteaux, il fut exécuté à Port-au-Prince, le 12 novembre 1964.

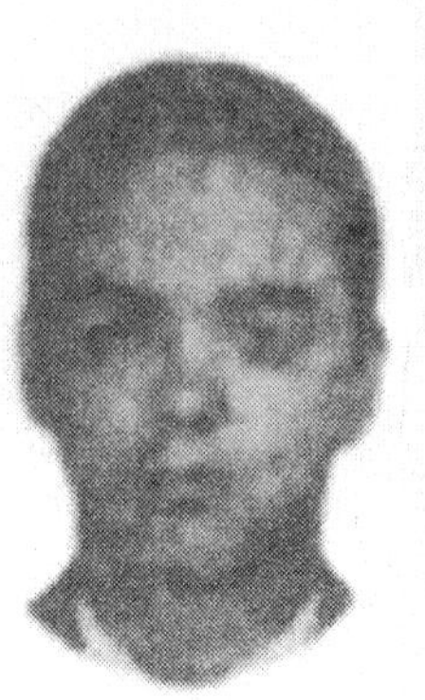

Jean Gerdès, membre du groupe des 13 guérilleros de Jeune Haïti débarqués dans la Grand'Anse en août 1964. Grièvement blessé, il s'est stoïquement donné la mort à Martinet, le 29 septembre 1964.

Charles Henri Forbin, membre du groupe des 13 guérilleros de Jeune Haïti débarqués dans la Grand'Anse en août 1964, mort au combat à Dallest, le 9 septembre 1964.

Max Armand, membre du groupe des 13 guérilleros de Jeune Haïti débarqués dans la Grand'Anse, en août 1964, mort au combat à Formond, le 12 septembre 1964.

Jacques Armand, membre du groupe des 13 guérilleros de Jeune Haïti débarqués dans la Grand'Anse, en août 1964, mort au combat à Formond, le 12 septembre 1964.

Mirko Chandler, membre du groupe des 13 guérilleros de Jeune Haïti débarqués dans la Grand'Anse, en août 1964. Grièvement blessé, il s'est fait courageusement achevé par Réginald Jourdan, le 29 septembre 1964, à Martinet.

Jacques Wadestrandt, membre du groupe des 13 guérilleros de Jeune Haïti débarqués dans la Grand'Anse, en août 1964. Mort au combat, le 9 septembre 1964.

Louis Drouin, membre du groupe des guérilleros de Jeune Haïti débarqués dans la Grand'Anse, en août 1964. Capturé à Ka-Koupe, le 19 octobre, il fut exécuté le 12 novembre 1964, à Port-au-Prince.

Roland Rigaud, membre du groupe des 13 guérilleros de Jeune Haïti débarqués dans la Grand'Anse, en août 1964. Il succomba héroïquement au cours du dernier combat à Ravine-Roches, le 26 octobre 1964.

Réginald Jourdan, membre du groupe des 13 guérilleros de Jeune Haïti débarqués dans la Grand'Anse, en août 1964. Nommé, le 12 août, par ses camarades chef militaire du commando, il assuma cette responsabilité avec courage et compétence jusqu'au 26 octobre 1964 lorsqu'il succomba à Ravine-Roches au cours du dernier combat mettant fin aux opérations militaires du Sud.

Lieutenant Fénelon Etienne, héros de la bataille de Prévilé, le pilote de l'avion de reconnaissance AT-6 du Corps d'Aviation abattu par les guérilleros de Jeune Haïti, le 12 août 1964. Le lieutenant Etienne eut la clairvoyance, le courage, la compétence et le sang-froid nécessaires pour ramener l'avion sérieusement endommagé à sa base, à Jérémie, et opérer un atterrissage forcé qui lui sauva la vie.

Lieutenant Léon Achille, le commandant de l'unité militaire anéantie à Kalio, le 29 août 1964. Fait prisonnier, il passa 12 jours en captivité entre les mains des rebelles de Jeune Haïti. Laissé pour mort sur la crête du morne Dallest, le 9 septembre 1964, il fut récupéré, moribond, et acheminé à l'Hôpital Militaire où il reçut les soins appropriés.

ÉPILOGUE

Chers amis (es) lecteurs et lectrices,

Je crois avoir atteint le but que je m'étais proposé de tout dévoiler sur l'épopée des treize (13) héros du groupe *Jeune Haïti* sacrifiés sur l'autel de la Démocratie, dont certains patriotes célèbrent à leur manière, aujourd'hui, le cinquantième anniversaire de leur débarquement à Petite Rivière de Dame-Marie, en Haïti.

J'ai entrepris un travail de bénédictin en fouillant dans mes archives et ma bibliothèque, en consultant quelques témoins encore vivants des combats engagés d'août à octobre 1964 et des officiers des F.A.D'H.. J'ai apporté un soin particulier aux récits des uns et aux souvenirs des autres pour pouvoir enfin étaler de long en large les péripéties des voyages à pied de ces treize (13) compatriotes dans les abruptes montagnes du Sud au sol rocailleux en plusieurs endroits, eux tous, des citadins qui vivaient confortablement aux États-Unis d'Amérique, dans le modernisme du vingtième siècle. J'ai aussi signalé leurs angoisses mortelles, leur anxiété de combattants héroïques, leurs joies de révolutionnaires intrépides, leurs tristesses et désespoirs jugés humains.

J'ai, en outre, mentionné les amertumes endurées face aux affres du doute, puis de la mort, sans omettre les jours de bonheur vécus après leurs deux (2) éclatantes victoires successives, les moments de gloire savourés durant leur odyssée à l'intérieur du pays.

J'estime, lectrices, lecteurs, que vous êtes maintenant bien imbus des circonstances dans lesquelles avait trouvé la mort chacun de ces combattants valeureux de *Jeune Haïti* : décès auréolé de la palme de l'altruisme, de l'héroïsme, du stoïcisme, de l'immortalité.

Une fois de plus, ce débarquement armé de démocrates idéalistes nous a administré la preuve, s'il en était encore besoin, que ces genres d'aventures n'ont jamais abouti aux résultats escomptés sur la terre bénie d'Haïti.

En interrogeant les aventuriers qui, avant eux, eurent le malheur d'endeuiller inutilement notre sol sacré, d'avilir parfois notre passé de gloire en autorisant des « blancs » à assassiner leurs frères, j'ai aussi considéré le caractère improductif des invasions qui avaient précédé celle des guérilleros de *Jeune Haïti*. Elles avaient toutes échoué piteusement et amené les envahisseurs droit à la mort, tout en exposant les proches de ces derniers à de brutales et fatales représailles et en augmentant considérablement l'arrogance et la force des gouvernements jugés anti-démocratiques.

Donc les débarquements armés, les invasions paramilitaires ne devaient en aucune façon constituer une marque d'encouragement susceptible de porter d'autres « mécontents, opposants, révolutionnaires ou démocrates » à suivre cette voie dangereuse, à se lancer dans de si tragiques et folles entreprises.

Une vérité de La Palice : toutes les invasions armées de citoyens pour renverser des gouvernements en Haïti encourront un échec certain. À preuve, celles qui ont suivi l'expérience des héros de *Jeune Haïti*. Pour votre pleine et entière édification, je veux bien les mentionner aussi dans ce livre.

a.- L'invasion du Cap-Haïtien en mai 1968.

Le 20 mai 1968, deux (2) avions inconnus, venant de Bahamas, avaient atterri sur le terrain d'aviation de la ville du Cap-Haïtien et débarqué un groupe de rebelles armés ou assaillants en treillis (tenue de camouflage). Et tandis que leurs troupes débarquaient au Cap- Haïtien, les organisateurs de cette invasion avaient utilisé un appareil B-25 pour « bombarder » à Port-au-Prince, le siège officiel du gouvernement, le *Palais National,* la résidence du chef de l'État.

Agissant aveuglément, les servants du bombardier avaient tué deux (2) femmes du peuple, innocentes, qui circulaient sur les trottoirs du *Palais National.* Cet avion d'attaque d'objectifs ennemis était piloté par un Américain, Mr Jay Humphrey, qu'assistait un Haïtien, M. Raymond Cassagnol, un ancien pilote de l'Armée d'Haïti. Un crime resté impuni.

« *Raymond Cassagnol, âgé de 48 ans,* informe Bernard Diederich, *avait été l'un des six Haïtiens qui, en 1942, pendant la seconde guerre mondiale, avait reçu un entraînement de pilote au fameux Institut Tuskegee, en Alabama. À leur retour en Haïti, ils faisaient des patrouilles pour détecter et empêcher l'accès des sous-marins allemands à des sources de ravitaillement.* » (*Op. cit.*, p. 299)

Les pilotes, sans coup férir, avaient largué deux (2) autres bombes dans la zone de Bowen Field, à Port-au-Prince, qui n'avaient heureusement pas explosé, avant de mettre le cap sur Cap-Haïtien où l'avion avait d'abord décrit dans le beau ciel capois des cercles avant d'atterrir sur la piste de l'aéroport de cette ville déjà investi par leurs troupes de rebelles au cours de la même matinée.

Mais qui étaient les commanditaires de cette entreprise osée ?

Charles Dupuy nous renseigne :

« *Le débarquement était l'initiative de la Coalition Haïtienne, un influent mouvement d'opposition basé aux États-Unis. La Coalition regroupait des hommes politiques aussi prestigieux que Luc Fouché et l'ancien président Paul Magloire. À ces derniers, le Département d'État américain aurait promis toute l'aide nécessaire, à la seule condition que leurs troupes parviennent à s'accrocher pendant 24 heures en territoire haïtien.* » (*Le Coin de l'Histoire, tome III*, pp. 137, 138)

Sur le tarmac de l'aéroport du Cap-Haïtien, les avions (un Cessna Sky-Bus, un Beachcraft et un B-25) avaient débarqué trente-trois (33) combattants bien armés, sous le commandement de deux (2) anciens officiers de l'armée d'Haïti et d'un militant civil, investis d'une mission spéciale : Occuper militairement la ville du Cap et marcher sur Port-au-Prince pour renverser François Duvalier du pouvoir. En attendant l'arrivée d'autres troupes de renfort, les avions avaient transporté également une cargaison d'armes et de munitions destinées à être distribuées à des jeunes de la population en vue de leur participation à la lutte.

Bernard Diederich rapporte :

« *La force d'invasion était dirigée par deux (2) officiers de l'armée d'Haïti, Raymond Montreuil et Fritz Alexandre, et un civil, originaire des Cayes* (sic), *Bernard Sansaricq. Ils étaient arrivés dans un Cessna "Sky-Bus" qui avait transporté vingt-cinq (25) "combattants de la liberté" comme ils s'appelaient eux-mêmes. Sept (7) autres avaient pris place dans un Beachcraft plus petit, un bimoteur. Les pilotes des deux (2) avions étaient Américains. Un troisième avion arriva. C'était le bombardier qui avait lancé les bombes sur Port-au-Prince. À bord, il y avait un autre combattant. Les trois (3) avions avaient à leur bord un assortiment d'armes et de munitions qui devaient être distribuées aux volontaires qui voudraient se joindre à la bataille contre Duvalier.* » (*Le Prix du Sang, tome I*, p. 300.)

Cette nouvelle action armée de l'opposition traditionnelle était bien mal partie, car les trois (3) dirigeants de cette nouvelle invasion du territoire, Bernard Sansaricq, Raymond Montreuil et Raymond Cassagnol, avaient décidé de retourner aux Bahamas à bord de l'avion Cessna, sans motiver leur départ, sans passer des ordres ou des instructions à leur « troupeau de moutons de Panurge », les livrant à leur sort !

Jay Humphrey, le pilote américain du bombardier B-25, lui aussi, avait filé à l'anglaise et abandonné l'avion sur le tarmac avec sa cargaison de dix-huit (18) bombes et son journal de bord.

Ainsi, les envahisseurs, après avoir pris possession de l'aéroport, n'avaient aucun chef pour les commander, diriger, orienter ; ils n'avaient reçu aucune explication non plus au sujet du départ des trois (3) responsables (Sansaricq, Montreuil et Cassagnol).

La seule et unique action militaire de ces rebelles fut de mitrailler la Jeep du commandant du département militaire du Nord, le major Prosper Maura, venu inspecter le secteur « en apprenant que quelque chose d'insolite s'y passait. » Accueillis par des rafales d'armes automatiques, le major Prosper, son chauffeur et son garçon de courses, grièvement blessés, allaient trépasser quelques minutes plus tard ainsi qu'une autre victime innocente, un industriel très connu dans le milieu septentrional, Jean Théard, qui circulait dans le voisinage de l'aéroport.

En attendant l'arrivée des troupes d'infanterie dépêchées par la hiérarchie militaire, deux (2) unités des Garde-côtes d'Haïti qui patrouillaient dans la baie du Cap-Haïtien, avaient reçu l'ordre d'attaquer les rebelles, de pilonner leur position.

L'ordre exécuté, des obus lancés pleuvaient sur la position occupée par les assaillants peu versés dans l'art militaire. Aux abois, paniqués, déboussolés, affolés, ces fanfarons, sans chefs pour les orienter, étaient facilement et logiquement mis en déroute par les troupes gouvernementales qui n'avaient pas tardé à se présenter sur le théâtre des opérations.

« *Pilonnés par les Garde-côtes,* écrit Charles Dupuy, *cernés par les soldats du bataillon tactique, sans espoir de renforts, les Camoquins n'ont plus d'autre choix que la fuite vers la frontière dominicaine. Douze seront capturés pendant leur retraite, quatre d'entre eux aboutiront à Monte Cristi... Alors que certains rebelles parviendront à se fondre dans la population, sept seront tués.* » (*Op. cit.*, p. 140)

La malice populaire avait alors considéré ces rebelles comme de dangereux farceurs, de grotesques comédiens, de vils assassins qui se foutaient royalement de la vie des autres. En effet, en plus de la mort des femmes du peuple à la capitale, lorsque les troupes régulières reprirent possession de l'aérodrome du Cap-Haïtien, elles

« *trouvèrent l'Aéroport complètement désert, excepté que plusieurs corps gisaient sur le sol : celui du major Maura, de Jean Théard, de deux soldats et du garçon de cour, ainsi que celui d'un paysan* ». (Bernard Diederich, *op. cit.*, p. 304)

Quant aux chefs préposés à la direction de l'invasion, ils avaient décampé depuis belle lurette, comme nous le savons déjà, abandonnant leurs troupes sur le terrain.

Bernard Diederich, citant l'écrivain Gérard J. Pierre, fait un reportage assez troublant de cet abandon :

« *Dans son livre, « Le Dernier Capturé »,* écrit-il, *Gérard J. Pierre raconte que les chefs du groupement partirent, alléguant qu'ils allaient chercher des renforts et leur avion s'envola dans la direction du Nord.*

Voici comment Cassagnol raconte ce départ :

« Après trois heures, je vis arriver Sansaricq et Montreuil. Ils me demandèrent de venir dans le Cessna avec eux... Je pensais qu'ils allaient faire un vol de reconnaissance. Je pris un AR-15 que Jay avait acheté, pour faire feu sur l'ennemi, le cas échéant. Quand je me rendis compte qu'ils mettaient le cap vers le Nord, je compris qu'ils avaient abandonné la lutte. A ce moment, furieux, je leur fis comprendre que j'aurais détruit le B-25, au lieu de le laisser à Duvalier. » (P. 151.)

Le 21 mai 1968, Cassagnol prit le vol pour Washington. Et il conclut : « Avant mon départ, Sansaricq eut le toupet de me demander de ne pas dire que nous étions retournés et que la bataille continuait. Je lui ai dit ma façon de penser. » (P. 152.)

Raymond Montreuil, un neveu de l'ex-président Magloire, ne voulut pas, même en 2004, commenter sur les circonstances et le fait que lui et les autres officiers avaient laissé leur troupe sur le terrain, le 20 mai 1968. C'était, dit-il, un sujet trop douloureux. » (Bernard Diederich, *op. cit.,* p.302.)

Les 33 combattants laissés sur le terrain eurent un malheureux sort. Nombre d'entre eux perdirent la vie dans des combats assimilés volontiers à une chasse à l'homme. Dix (10) furent faits prisonniers et quelques-uns avaient réussi à franchir la frontière haïtiano-dominicaine, sains et saufs.

Robert Heinl rapporte :

« *Les rebelles ont tenu l'aérodrome et la périphérie de la ville du Cap-Haïtien jusqu'à ce que des unités des Garde-Côtes d'Haïti sorties de leur base de Bizoton les aient pilonnés jusqu'à leur soumission. Plusieurs insurgés ont été tués, dix ont été pris et quelques-uns ont disparu en direction de Santo-Domingo.* » (*Op. cit.*, p. 595.)

Comme pour les précédentes, cette invasion du Cap-Haïtien par les troupes de Bernard Sansaricq, de Raymond Montreuil et de Raymond Cassagnol s'était soldée également par un véritable fiasco militaire et historique ! Encore une fois, François Duvalier s'en était sorti auréolé de gloire, plus fort, plus populaire, plus vindicatif, car, une fois de plus, il était victorieux sur toute la ligne.

« *Cette expédition constitua l'un des épisodes les plus épouvantables de la longue histoire de l'opposition traditionnelle haïtienne*, dira le sociologue et homme politique Gérard Pierre-Charles. (*Op. cit.*, p. 138)

b) L'invasion de l'Ile de La Tortue en janvier 1982.

Haïti a bien connu une autre invasion armée, le 9 janvier 1982, cette fois, sous le gouvernement du président Jean-Claude Duvalier, opérée à l'île de La Tortue, dans le Nord-Ouest du pays. Dans la matinée de ce jour, à bord d'un avion amphibie, huit (8) hommes armés avaient débarqué. Ils répondaient aux noms de : Wilner Paris, Sauveur Guerrier, Henri Paul, Silvio Moussignac, Bernard Blondel, Robert Mathurin, Emile Célestin et Richard Brisson.

Après avoir débarqué ces huit (8) combattants, Bernard Sansaricq, leur leader, les laissa sur le terrain, promettant de les rejoindre plus tard avec un fort contingent d'hommes en vue de constituer une force solide pour mener la lutte et renverser Jean-Claude Duvalier, Cependant, rééditant son geste lors de l'invasion du Cap-Haïtien, il n'était jamais retourné à La Tortue. Les huit (8) combattants, penauds, abandonnés, avaient attendu vainement ce renfort promis. Bernard Sansaricq, après avoir pris la route du retour en Haïti, bien pourvu en hommes, armes et munitions, avait décidé de tout abandonner et de rebrousser chemin.

Bernard Diederich renseigne :

« *Bernard Sansaricq avait affrété un bateau transporteur de légumes... Avec 26 hommes à bord en tenue de combat, il prit la direction d'Haïti. Mais quand les falaises de l'île des boucaniers apparurent, le bateau reprit la direction du large. Sansaricq n'a jamais expliqué pourquoi il avait décidé de ne pas débarquer.* » *(Le Prix du Sang, tome II*, pp. 238, 239)

Le sort de ces huit (8) envahisseurs abandonnés à eux-mêmes était donc scellé dès le départ. Cette invasion armée devait se solder indubitablement par un échec retentissant.

Les troupes du Gouvernement dépêchées sur les lieux n'avaient pas pris du temps pour anéantir les envahisseurs. Si deux (2) soldats de l'armée furent tués, les huit (8) infortunés combattants payèrent tous de leurs vies la folle aventure dans laquelle Bernard Sansaricq les avait entraînés. Cinq (5) d'entre eux avaient péri au cours des combats et les trois (3) autres « des suites de leurs blessures », disait une note officielle. Mais, en fait, ces derniers ont été exécutés sans autre forme de procès.

Je mentionne une importante perte pour la culture haïtienne, celle de Richard Brisson, un poète confirmé qui n'avait pas l'étoffe d'un guérillero, mais qui paradoxalement se trouvait sur le terrain mêlé à cette farce, en tant que bras droit de Bernard Sansaricq qui l'avait affublé du titre ronflant de « Secrétaire de Presse Présidentiel ».

Parlant de ce débarquement, Bernard Diederich soutient que ce fut « *une des tentatives les plus burlesques pour renverser la dynastie des Duvalier, une espèce de show publicitaire digne de l'opéra-comique et, comme toujours, avec des conséquences tragiques.* » (*Le Prix du Sang, tome II, Jean-Claude Duvalier : 1971-1986, L'Héritier*, p. 231.)

Et à ceux qui disaient que, au moins, ce groupe de Sansaricq avait essayé de renverser la dictature de Duvalier, le même auteur répond : « *Oui ! Ils avaient essayé, mais des hommes étaient morts dans cette aventure publicitaire et l'un d'entre eux était un non-combattant qui ne portait pas l'uniforme, un poète qui s'appelait Richard Brisson.* » (*Op. cit.*, p. 239)

Bernard Sansaricq, chef de l'invasion du Cap-Haïtien en mai 1968 et leader du débarquement d'un contingent de huit combattants à l'île de La Tortue, en janvier 1982.

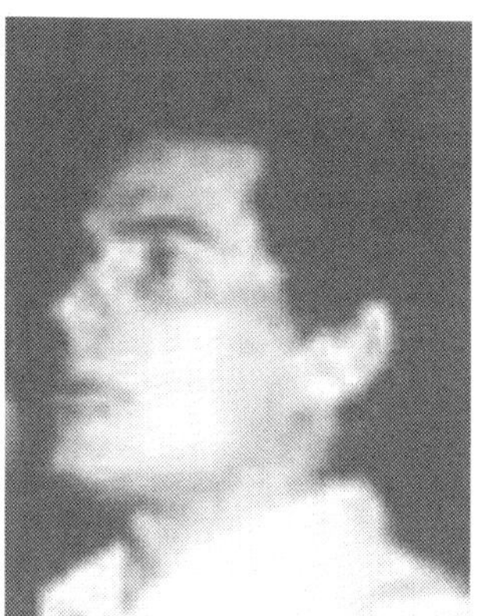

Richard Brisson, en charge du groupe d'envahisseurs amenés par Bernard Sansaricq à l'île de La Tortue, en janvier 1982. Blessé au combat, mort dans des circonstances obscures à Port-de-Paix.

CONCLUSION

Me voilà parvenu au bout de ma mission en achevant d'écrire cet ouvrage qui relate l'odyssée des héros de *Jeune Haïti* de 1964 au cours de leur glorieux combat visant le changement de l'ordre des choses en leur pays natal. Je m'y suis évertué à dresser le procès-verbal circonstancié constatant leurs désillusions, leur bravoure légendaire, leur courage herculéen et surtout leur fatal échec dû au cynisme de leurs mentors et commanditaires qui ont traîné et abandonné sur le terrain ces jeunes trop idéalistes et inexpérimentés.

Nous avons, ensemble, vu que dans l'histoire d'Haïti, jamais l'option antidémocratique de la force des armes de groupes armés ou de rebelles venus de l'étranger pour renverser un régime, un gouvernement établi représentant le pouvoir légal n'avait produit les résultats escomptés. Les organisateurs de ces expéditions militaires ou paramilitaires avaient tous lamentablement échoué dans leur projet d'occuper par ce moyen les espaces du pouvoir.

Dans cette étude, nous avons déploré et pleuré la mort des treize (13) braves grenadiers de *Jeune Haïti* ; mais nous devons aussi déplorer et pleurer la mort des neuf (9) vaillants soldats des Forces Armées d'Haïti tombés les armes à la main, sans autre mobile que celui de maintenir l'intégrité du territoire national, selon leur serment d'allégeance, en accomplissant courageusement leur devoir constitutionnel. Nous tous avons un devoir de mémoire à rendre également à leurs mânes pour ne pas offenser l'Histoire.

En considérant le nombre élevé de morts sur les champs de bataille, de cadavres d'innocents résultant de ces mouvements d'invasions du territoire, je convie tous les Haïtiens et Haïtiennes à s'asseoir autour de la table de la fraternité pour réfléchir, méditer, discuter de leurs divergences et trouver en un commun accord, d'une seule voix, d'autres moyens à employer à court et moyen terme pour éviter aux futures générations les traumatismes engendrés par ces décisions hâtives, irréfléchies qui, très souvent, sont le produit de regrettables malentendus historiques, de mesquines querelles de chapelles politiques, de malheureuses incompréhensions sociales.

Il est vraiment temps, au lieu de nous entre-déchirer, de former un faisceau de patriotes désintéressés, honnêtes et dévoués au salut d'Haïti ; de travailler à régénérer notre bon peuple, de proposer et de mettre en application la meilleure formule pour une bonne et honnête gestion des affaires de l'État d'Haïti.

À ces fins, ne faudrait-il pas, ensemble, œuvrer au changement mental de nos dirigeants grâce au sérieux des partis et groupements politiques à restructurer immédiatement, pour que plus jamais nous ne soyons animés par cette volonté néfaste de renverser par la force et avant son terme un pouvoir établi constitutionnellement, légalement, démocratiquement ?

Tout Haïtien devrait déplorer cette culture antidémocratique, condamner, bien sûr, tout gouvernement qui s'écarte de la voie royale baptisée « démocratique », mais aussi les secteurs engagés dans « l'opposition » qui font preuve d'impatience, d'agressivité, d'intolérance et parfois d'arrogance et affaiblissent l'institution de la Présidence en pourfendant le chef du pouvoir exécutif qu'ils prétendent sanctionner.

Que soit bannie l'idée que seul le secteur ou le parti politique qui détient le pouvoir peut bien faire marcher, avancer, progresser la République d'Haïti ! De même, que soit rejetée cette conception qu'un petit groupe d'intellectuels réunis peut représenter la majorité nationale, exprimer l'opinion générale, être le porte-parole du peuple revendicatif !

Que des moyens démocratiques soient utilisés par tous pour arriver au pouvoir et s'y maintenir !

Enfin, que tous les secteurs de la vie nationale œuvrent pour que, dans le plus bref des délais, soit restaurée UNE FORCE DE DÉFENSE du territoire national afin d'empêcher, de décourager toute forme d'entreprise suicidaire, génératrice de deuils non souhaités dans les familles, et aussi de garantir la sécurité et la paix indispensable au développement de notre cher pays natal, « le seul où l'Haïtien puisse se sentir vraiment heureux ! »

Cette « force de défense » est nécessaire pour empêcher de nouvelles aventures de guérilleros, de rebelles ou d'assaillants telles que relatées dans ce livre et aussi pour permettre au pays de Jean-Jacques Dessalines et de Pétion de recouvrer sa dignité, de n'être plus obligé d'avoir recours à ces composantes militaires issues d'armées de "pays amis" pour maintenir et garantir sa stabilité, au mépris des prescriptions de notre Charte Fondamentale, des paroles de notre Hymne National et de l'esprit de notre Acte d'Indépendance. L'Haïtien authentique ne devrait jamais cesser de réclamer une autre armée professionnelle, n'ayant aucune fonction de police, apte à défendre les frontières et les communes ou villes du pays contre toutes formes d'agressions armées, et aussi capable de voler au secours de la population en cas de cataclysme naturel dévastateur !

« L'union fait la force » ! Soyons donc unis pour gravir les sommets de la gloire !

Que détenteurs du pouvoir politique, acteurs de l'opposition, forces sociales, élites intellectuelles du pays, etc. «*fassent en sorte que les générations futures n'oublient pas la légion des grands combattants de la liberté - communistes ou non - en construisant la société dont ils avaient la vision* !» (Nelson Mandela, *op. cit.*, p. 54.)

Chers Lecteurs,

Chères Lectrices,

Au terme de mon combat pacifique, intellectuel et patriotique, à travers le temps, mon devoir de témoin de la tragique épopée des guérilleros de *Jeune Haïti* est, je crois, accompli : fixer à jamais dans la mémoire collective le sacrifice consenti par treize jeunes de mon pays, de vrais héros, qui avaient cultivé à un très haut niveau UN NOBLE IDÉAL.

Votre humble serviteur vous remercie sincèrement d'avoir pris la peine de lire ce bouquin.

Achevé d'écrire, le 12 novembre 2014.

BIBLIOGRAPHIE

Allen, Ralph

Tombés au Champ d'Honneur, Éditions Zémès, 2019.

Arcelin, Paul

Cercueil Sous le Bras, Atlas Premium Management, Inc., New York, 1999.

Avril, Prosper

Vérités et Révélations - Tomme III, L'Armée d'Haïti, Bourreau ou Victime ? Imprimerie Le Natal, Port-au-Prince, 1997.

Célestin, Clément

Compilations pour l'Histoire - Sans Commentaires - Tome IV -, Imprimerie N. A. Théodore, Port-au-Prince, 1960.

Delatour, Mario

Victorieux ou Mort, mais Jamais Prisonnier, Amistad Films - 2014.

Désinor, Carl A.

Il Était une Fois : Duvalier, Bosch & Kennedy - 1963 -, Imprimeur II, Port-au-Prince, 1989.

Diederich, Bernard

1) *Le Prix du Sang - Tome I - La Résistance du Peuple Haïtien à la Tyrannie : François Duvalier (1957 - 1971)*, Imprimerie Henri Deschamps,

Port-au-Prince, 2005.

2) *Le Prix du Sang - Tome II - Jean-Claude Duvalier, l'Héritier (1971 - 1986), 2ème Edition*, Imprimerie Henri Deschamps, Port-au-Prince, 2011.

Dorsinville, J.-C.

Manuel d'Histoire d'Haïti, Cours Supérieur, avec la collaboration des Frères de l'Instruction Chrétienne, Editions Henri Deschamps, Port-au-Prince, 1934.

Dupuy, Charles

Le Coin de l'Histoire, Tome III, Editions La Périchole, Québec, 2006.

Georges-Pierre, Anthony

François Duvalier, Titan ou Tyran ? (2e Edition), Educa Vision, Inc., Etats-Unis d'Amérique, 2004.

Heinl, Robert Debs & Nancy Gordon

Written in Blood - The Story of the Haitian People - 1492 -1995, University Press of America, Lanham, Boulder, New York, Toronto, Oxford, 2005.

Hibbert, Fernand

Romulus - Première Edition 1906 - Collection du Bicentenaire- Haïti 1804-2004, Les Ateliers Fardin, Port-au-Prince, 2011.

Janvier, Louis-Joseph

Les Affaires d'Haïti (1883-1884) - 2ème Edition,

Les Editions Panorama, Port-au-Prince, 1973.

Janvier, Yvon

Jérémie se souvient de Jeune Haïti et du Massacre de 1964, Le Nouvelliste du 8 août 2014, Port-au-Prince.

Machover, Jocovo

Anatomie d'un Désastre - Baie des Cochons, Cuba, Avril 1961. www.clio-cr.clionaute.org.

Mandela, Nelson

Pensées pour Moi-même, Le Livre Autorisé des Citations, Editions de la Martinière, P.Q. Blackwell Limited, Auckland, Nouvelle-Zélande, 2011.

Mars, Price

Jean-Pierre Boyer Bazelais et le Drame de Miragoâne - 1983 - 1884, Imprimerie de l'Etat, Port-au-Prince, 1948.

Michel, Antoine

Salomon Jeune et l'Affaire Louis Tanis, Imprimerie Saint-Jacques, Port-au-Prince, 1913.

Paquin, Lionel

Les Haïtiens - Politique de Classe et de Couleur, Imprimerie Le Natal, Port-au-Prince, 1989.

Pierre, Pressoir

Témoignages - 1946-1976 - L'Espérance Déçue, Imprimerie Henri Deschamps, 1987.

Pierre-Charles, Gérard

Radiographie d'une Dictature - Haïti et Duvalier, Les Editions Nouvelle Optique, Montréal, 1973.

Supplice, Daniel

Karioka, Editions Henri Deschamps, Port-au-Prince, 1998.

TABLE DES ILLUSTRATIONS

président François Duvalier.

10. Paul Arcelin, le représentant militaire à Santo Domingo des F.A.R.H de Fred Baptiste, cosignataire de l'Accord *Jeune-Haïti* - F.A.R.H., en juillet 1964.

11. Fred Baptiste, commandant du groupe des F.A.R.H. débarqués à Lagon des Huîtres en juin 1964 aux fins de renverser le gouvernement du président François Duvalier.

12. Reçu délivré par le capitaine du *Johnny Express*, Jop Cristopher, à Gérard Lafontant, couvrant le transport de la troupe des F.A.R.H. de Santo Domingo à Lagon des Huîtres, en mai 1964.

13. Lettre de Gérald Brière, responsable de l'organisation *Jeune Haïti* adressée à Paul Arcelin, représentant militaire des F.A.R.H en République Dominicaine, en juillet 1964.

Après la page 172

1. Jean-Baptiste Georges, un des organisateurs principaux du débarquement des guerriers de *Jeune Haïti* en Haïti, en août 1964.

2. Gérard Bissainthe, le fondateur, en janvier 1963, de l'organisation *Jeune Haïti* et leader du groupe.

3. Gusley Villedrouin, premier chef militaire du groupe des guérilleros de *Jeune Haïti,* du 6 au 12 août 1964.

4. Gérald Brière, commissaire politique du groupe des guérilleros de *Jeune Haïti* du 12 août au 26 octobre 1964.

5. Yvon Laraque, membre du groupe de guérilleros de *Jeune Haïti,* mort le 12 août 1964.

6. Marcel Numa, membre du groupe de guérilleros de *Jeune*

Haïti, mort le 12 novembre 1964.

7. Charles Henri Forbin, membre du groupe de guérilleros de *Jeune Haïti*, mort le 9 septembre 1964.

8. Jacques Wadestrandt, membre et médecin du groupe de guérilleros de *Jeune Haïti*, mort le 9 septembre 1964.

9. Max Armand, membre du groupe de guérilleros de *Jeune Haïti*, mort le 12 septembre 1964.

10. Jacques Armand, membre du groupe de guérilleros de *Jeune Haïti, mort le 12 septembre 1964*.

11. Mirko Chandler, membre du groupe de guérilleros de *Jeune Haïti*, mort le 29 septembre 1964.

12. Jean Gerdès, membre du groupe de guérilleros de Jeune Haïti, mort le 29 septembre 1964.

13. Louis Drouin, membre du groupe de guérilleros de *Jeune Haïti,* mort le 12 novembre 1964.

14. Roland Rigaud, membre du groupe de guérilleros de *Jeune Haïti, mort le* 26 octobre 1964.

15. Réginald Jourdan, deuxième chef militaire du groupe de guérilleros de *Jeune Haïti*, mort le 26 octobre 1964.

16. Le lieutenant Fénelon Etienne, le pilote de l'avion AT-6 du Corps d'Aviation abattu par les guérilleros de *Jeune Haïti* à Prévilé, le 12 août 1964.

17. Le lieutenant Léon Achille, l'officier-commandant de la troupe des FAD'H anéantie à Kalio par les guérilleros de *Jeune Haïti*, le 29 août 1964.

Après la page 208

1. Bernard Sansaricq, chef de l'invasion du Cap-Haïtien, en mai 1968 et leader du débarquement de huit combattants à l'Île de La Tortue, en janvier 1982.

2. Richard Brisson, membre du groupe de combattants débarqués à l'île de La Tortue, en janvier 1982. Mort dans des circonstances obscures après sa capture, à Port-de-Paix.

INDEX

TABLE DES MATIERES

Made in the USA
Columbia, SC
12 December 2024